JN090968

　私は作業療法士です。

　ある親子の物語に出会い、この本を書くことにしました。

　この本を手にとってくださったあなた。

　しばしこの物語にお付き合いください。

〈たろうさん（仮名）の語り〉

　「とても、寒い冬の夜だったと記憶しています。

　ある埋立地の防波堤、フェリー乗り場かな、誰もいなくて……海の水面に街の灯りがきらきら反射してとてもきれいでした。

　私は母とその防波堤に停められた車の中に二人で乗っていました。私はまだ小学校の低学年だったのです。母は手で顔を覆って静かに泣いていました。

　「あなたとこのまま、この海に車ごと飛び込めたらどんなに楽かしら」

　私はそのとき、母の横顔を見つめながら

　「生まれてきてごめんなさい、ぼくがいなくなったほうが世界が幸せだね」

　と心の中で何度もつぶやきました。」

たろうさんの家庭環境を少しお話ししましょう。

　お父さんは一流大学を出て、有名な会社で高い役職に就いていました。お母さんはゆとりのある家庭でおおらかに育ち、二人はお見合い結婚をしました。

　お父さんは寡黙で亭主関白タイプでしたが、仕事が終わるとすぐに家に帰ってきては毎晩お母さんの晩酌でお酒を楽しみ、週末は家族で過ごす愛妻家でした。お父さんは建築家でもあり、自らデザインした山の高台のモダンな家で一家は暮らしていました。海を見渡せるその家は、夜景がパノラマで広がり、雑誌が取材に来るような素敵な家でした。

　その子の兄弟姉妹もとても聡明で可愛らしく、家族はよく一緒に外食や旅行にでかけ、両親はこどもたちの塾や習い事にはしっかりとお金をかけました。特にお兄さんは文武両道でいつも成績は一番をおさめ、絵もいつも賞をとるような優秀なお兄さんでした。

　そして、お母さんは朗らかでやさしく、いつも家事や育児が丁寧に行き届き、食事は手間をかけて美味しく手作りしていました。お母さんはこどもたちに愛情をたっぷりと注ぎ、またお母さん自身も子育てをしながら建築の勉強をして資格をとるなど、とても努力をする人でした。

　一見、誰もがうらやむようなこの家庭で、いったい何が起きたのでしょう。

　「私は、その家族の次男坊だったんですけど、私だけが突然変異みたいに暴れん坊だったんです。いつも動きが大きくて多くて、目移りも激しくてテンションが上がりっぱなしだったんですね。"多動な子"とか言いますけど、私はその多動っぷりが振り切ってましたね。家の庭には私がひろってきたものや捕まえてきた生き物だらけ。学校も行かずに近所の山をかけまわり、「いいこと考えた！」と叫んで自転車でトラックに突っ込んだり、いつも喧嘩ばかりして母が謝りに行くという毎日でした。

　学校や警察に呼ばれることもしょっちゅうでした。学校に入学すれば、学年が上がれば落ち着くかと思えば、ますます激しさは増していきました。両親は私を塾へ入れたり、ボーイスカウトを経験させたり、ときにはカウンセリングを受けたりと

ありとあらゆることを試しましたが、いつも習い事の先生からは手に負えないとお断りをされる始末だったんです。」

　たろうさんのお父さんは、たろうさんの激しさや暴れん坊っぷりが受け入れられませんでした。次第にお母さんを「お前の育てかたがわるい」と責めるようになりました。

　お母さんは、愛情を注ぎ、手をかけてもどんどん問題が増え、先生や近所の人へ頭を下げてばかりの毎日を過ごすうちに、どんどん気持ちが落ち込んでいきました。

「私の産み方がわるかったのだ」
お母さんは、たろうさんを連れて死んでしまいたい気持ちになりました。
「ぼくは生まれてきてはいけなかったのだ」
たろうさんも、消えてしまいたいような気持ちになったのです。

　幸せそうな親子、理想的な子育てをしているかに見えるお母さんであったにもかかわらず、この親子は生きる気力をなくしてしまっていました。
　この親子の物語は、私の作業療法士としての人生を大きく変え、
　私はこの親子とともに、ずっと長い長い道のりを歩いていくことになりました。
　そして、この本がうまれました。

　2022年9月

作業療法士
山口　清明

Contents

付録について

本書で使用するシート、カードは巻末に掲載しています。切り取り線がある
ものは切り取ってご使用ください。「コピー可」の表示のあるものはコピー
してご使用いただけます。本書を購入された方のみ右のQRコードからダウ
ンロードしてご使用いただけます。

『発達の地図』ホームページ　https://www.hanetama.net/bonvoyage

STORY

1

試練

7つの思い込み

～ママたちを苦しめる7つの理想のリンゴ～

CHAPTER

この絵はある家族の一場面です。
どう感じますか？

こんなことを思ったことはありませんか？
あてはまるものがあったら
☑ チェックをいれてみてくださいね。

☐	**1**	愛情たっぷりなママが最高だ
☐	**2**	やさしい声、やさしい表情でこどもに話しかけるとよい
☐	**3**	いつも明るく朗らかなママでいるほうがよい
☐	**4**	できるママは丁寧に家事や子育てに向き合う
☐	**5**	家族の理解と協力が大事
☐	**6**	生活リズムは規則正しく整ってないといけない
☐	**7**	相性のよい先生や専門家に出会えればいい子になる

一つでもあてはまるものがあったあなた。

　子育てをする中でわが子が健康的によりよく発達していくために、さっきの
チェックリストにあったいくつかや、もしかしたらすべてがとても大切にされて
いる事柄なのではないでしょうか。もしお子さんに、何らかの育てにくさや、何ら
かの未熟さを感じていたとしたら、よりこの7つのことが大事に思えてくるでしょ
う。

　さらには、ママが出会う助産師さんや保健師さん、保育士さんや療育の先生たち
も、口を揃えて、この7つのうちのいくつかをとても大事なことですよとお話しさ
れることでしょう。多くの育児書でも解説されていることだと思います。

　一つひとつ見ていきましょう。

 ## 愛情たっぷりなママが最高だ

　ママから愛情をたっぷり受けたこどもというのは、世界中の人たちが自分の敵に
回ったとしても、「ママだけは自分を愛してくれる」と信じることができ、ママが
私を愛してくれるように、私も私を愛することができるという、自己肯定感が育ち
ます。

　何かにチャレンジした時に、うまくいっても、うまくいかなくても、自分を受容
することができるわけですから、やがてそれは自信に変わっていきます。

 ## やさしい声、やさしい表情でこどもに話しかけるとよい

　ママのやさしさに包まれて育つと、こどもは気持ちを解放させて、うれしかった
り悲しかったり、楽しかったり怒ったりという感情を自由に表現できます。

　いっぱい気持ちをすっきりと出せれば、人は幸せになります。ママの幸せとこども
の幸せが響き合って、やさしさが増幅し、二人の幸福感はさらに増していくでしょう。

③ いつも明るく朗らかなママでいるほうがよい

　いつもママが明るいと、雨降りの天気が続いても、お友達と喧嘩して心が曇り空になっても、こどもの心はすぐに晴れてきます。

　ママは、自分より長く生きているヒトですから、こどもはママの背中を見て、世の中がどうあれ、きっと自分の未来も明るいぞという期待を膨らませていきます。

④ できるママは丁寧に家事や子育てに向き合う

　ママがこどもを丁寧に育てると、自分は宝物のように大切に扱われているということが、理屈抜きに身体の感覚として記憶に宿ります。そうするとこどもは自分の心や頭や身体を丁寧に扱うようになります。

　ちゃんと休息がとれているかな？　ちゃんと知識は身についているかな？　ちゃんと身体を動かしているかな？と、自分自身をケアできるようになります。

⑤ 家族の理解と協力が大事

　ママが、パパやおじいちゃんおばあちゃん、周囲の大人たちと協力しながら子育てしていると、こどもの社会性が育ちます。自分が完璧でなくても、自分に不得意があっても、周囲と補い合っていけば、なんだって乗り越えられると理解します。さらには、いいチームをつくれば大きなことが成し遂げられると思えるようになるでしょう。

⑥ 生活リズムは規則正しく整ってないといけない

　ママがこどもと整った生活をしていると、例えば、こどもは早寝早起き、栄養たっぷりの腹八分目といった健康的な生活が身体のリズムとして書き込まれます。

　スマホ、夜ふかしにジャンクフードといった生活習慣病にあふれている現代社会を、健康的に生きていく知恵がママからこどもに手渡されます。

⑦ 相性のよい先生や専門家に出会えればいい子になる

　ママがわが子をよい先生やよい専門家につなげると、こどもの才能を開花させることができます。才能を見つけ開花させるには、その道の専門家、つまりプロデューサーの存在が必要です。

　こどもが他から抜きん出て、人生をブレイクスルーさせるには、名プロデューサーとの出会いが鍵を握っています。

　この7つはまるで目の前にきらきら輝くリンゴの実のよう。
　ママたちはみんな手を伸ばすけれど、なかなか届きません。
　この7つの理想のリンゴの実、たしかに素晴らしいことばかり。
　でも、この7つが誤った思い込みだったとしたら？

　私は育てにくいこどもを育てるママたちを支援してきました。
　そして、7つのリンゴを手にしようと一生けんめいになるママたちに寄り添ってきました。
　しかしある時、リンゴが現代を生きるママたちの苦しみと悲しみのもとなのではないかと考えてしまったのです。

2 三大お悩み

～３万人のママたちの10万のお悩みごと～

CHAPTER

　私は作業療法士になってから多くの方から子育てに関する多くのお悩みをききました。あるときは病院の作業療法室で、あるときは行政の窓口や地域の保健センターの乳幼児健診の場で、あるときは保育園や研修会の場で、多くのママたちからお子さんの発達に関する相談を受けました。これまでにその数は私の所属する法人全体では、およそ３万人（のべ人数）以上、10万に近いお悩みに接してきたわけですが、お悩みをきいていくうちに私はあることに気づきました。

①	②	③
うちの子、何かが違う	誰もわかってくれない	私の産み方がわるかった

　すべてのお悩みごとは大きくこの三つに絞れるのではないか、と。

　こどもが大きくなるにはとても長い時間がかかります。
　成人するまでに20年弱かかると考えると、人生の４分の１、こどもによってはもっと長い時間が子育てに費やされるわけです。
　途中で私のような専門家が伴走し、その時々の問題を乗り越えたとしても問題が次々とやってきます。
　教室に入れるようになったら、今度は座れるように。
　座れるようになったら、道具が上手に使えるように。
　道具が使えるようになったら、一斉指示が理解できるように。
　一斉指示が理解できるようになったらお友達と柔軟に遊べるように。

発達課題は越えても越えても、また次の発達課題がやってきます。

　汗水流して発達課題を一歩進めたとしても、周りのこどもはその間に３歩も４歩も発達の山を登り進めてしまっているかもしれません。

　勝手にルートを外れて我が道を歩もうとする個性の強い子。

　何にもない平坦な道でさえも何度も転んで膝を擦りむいてしまう子。

　そんな中で、孤独な子育てをし、気がつかないうちに三大お悩みに支配されてしまっていたとしたら、子育てとは三大お悩みとの格闘であるともいえるでしょう。

　この三大お悩みとの格闘そのものが子育ての正体なのかもしれません。

1 うちの子、何かが違う

「まだ何も話さない。周りの子はもうぺちゃくちゃおしゃべりしてるのに」

「元気すぎ。すぐにどこかへ走っていってしまって目が離せない」

「ぜんぜん目が合わない」

「ちょっと遊び方が変わってる気がする。なんだかわかりにくい」

「すぐ泣くしすぐ怒るし、なんだか大変」

「転ぶし、プリントやぶくし、不器用さん」

「上の子の時の子育てとなんか違う」

「うちの子、何かあるのかな」

700万年という長い人間の歴史の中で、ヒトはみんなでこどもを育ててきました。これを共同養育といい、ママが自分の産んだこどもを育てるのではなく、ママが産んだこどもをみんなで育ててきたのです。戦前までは三世代同居が基本でしたから、核家族化が進んでママが独りでこどもを産み育てるようになったのは、ごく最近のことだといえるでしょう。

ヒトは大きな脳をもった代わりに、未熟な状態でママの産道をぎりぎり通り抜けて生まれてきます。だから、動物の赤ちゃんのように生まれてすぐ歩き回るわけではなくて、たくさんのお世話が長い時間必要になるわけです。そんな大仕事を今のお母さんたちは独りで引き受け、場合によっては育児家事だけでなく、働きながらこどもを育てています。

限られた時間で、こどもの異変を察知しないといけないわけですから、こどもに起こる異変を察知するセンサーを常に働かせています。ママたちは他の大人たちとつながることで、母子ともに野生動物などの外敵から身を守り、食べ物にありつけ、生きのびていくことができます。

不安は人と人とをつなぐ接着剤のようなものです。たとえ、こどもの発達に問題がなくても、「うちの子は何かが違う」と自動的に浮かんでくる不安でつながりあうように、ママたちの脳はプログラミングされているのです。

専門家が「これぐらいのことばや運動の遅れは許容範囲だ」と言っても、「私が傷つかないように言っているのかな？」と疑心暗鬼になり、「個性の範囲だよ」と言われても、この状況はいつまで続くのかと、長い長いトンネルに入ってしまったような気持ちになってしまうのです。

「忘れ物が多いですね……宿題もよく見てあげてくださいね（学校）」

「よくのびてますよ！　いっぱいほめてあげましょう！（療育）」

「さびしいのかな？　愛情をかけてあげましょうね（保育園）」

「となりの〇〇ちゃんは、もうおむつがとれたらしいわよ（おばあちゃん）」

「ママは気にしすぎなんじゃない？　男の子はことばが遅いらしいよ。俺もそう
　だったって（パパ）」

「今のところ、様子をみましょう（医師）」

　保育園や学校の先生は、こどもに愛情を注ぎ、教育に熱心になるあまりママの味
方でなくなることがあります。パパは帰ってくるのも遅く、見るのはこどもの寝顔
ばかり。おじいちゃんやおばあちゃんも応援してくれていますが、こちら側の気持
ちのスタンスがいい状態でないと「もっとガンバレ」と言われているみたいに聞こ
えてしまいます。

　療育の先生やお医者さんはいいことばかり言ったり、逆に診断名をちらつかせた
りしてきます。また、日本の社会制度は、子育てに厳しく家計のやりくりも簡単で
はありません。

「公園に行きたくない」

「ママ友のSNSのキラキラ投稿には、“いいね！”をしてしまうけど、本音は言
　えない」

「自分のこどもとも通じあわない」

「私はこどもが生まれる前に、何が好きで、何が楽しかったっけ」

　「うちの子、何かが違う」という思いを抱いてしまうと、わが子の子育てに自信
がもてなくなります。すると公園で他の子と一緒に遊ぶのが億劫になったり、逆に
孤独を埋めるようにママ友とつながっていきますが、あまり本心を打ち明けられま
せん。

　SNS上での充実した生活スタイルを装ったイメージと現実との差が大きくなっ

ていきます。しまいには、自分と向き合う時間も失ってしまい、女性として人生が詰んでしまったような気持ちになってしまいます。

　現代の日本は8割以上が核家族世帯です。そんな中、唯一の子育てのパートナーである夫の家事への参加は、欧米の3分の1以下と言われています。また、ママが仕事をしていない場合、赤ちゃんの公的な預け先はほとんどありません。産後、ホルモンのエストロゲンが一気に減少し、ママの体質が不安になりやすい状態へ変化しているにもかかわらず、このような環境下で子育てしているので、ママはうつになって当然です。日本の女性の産後うつは、一般のうつに比べて5倍以上。多くの女性が出産後にうつの状態に陥るものと考えてもよいでしょう。

「なんだか、ひとりぼっちで子育てをしてる気持ちになる」
「誰も、わかってくれない」

赤ちゃんに恵まれて、新しい命と暮らし始めたのに
どうしてこんなに寂しく、どうしてこんなにも孤独を感じてしまうのだろう。
赤ちゃんを迎える前に想像していた世界とまったく違う。
そんな気持ちを抱えているママの、心の中の悲鳴が聞こえてくるようです。

3 私の産み方がわるかった

原因をさがす

ことば、発達、病気、家庭

障がい、運動

search

あの日つれていった子育てサロンでかぜをひいた

あの日つれていった公園で転んだ

ハウツーをさがす

療育、医療

カウンセリング

神だのみ

夫の目

お友達の目

親せきの目

まわりの人の目が気になる

ご近所の人の目

もしかしたら原因は私にあるのかも

なぜ私ばかりこんな目にあうの

私の育て方がわるかったのかも

無力感

戦力外通告

診断書

私の産み方に問題があったのかも

ことばが、発達がゆっくり

診断がこわい

障がいがあります。

「うちの子は、いったい何なんだろう」

「どこかに相談しに行きたい」

「診断がついてしまったらどうしよう」

「いいと思うことは全部やってみよう、この子がなおるなら」

「家族や親戚が、どう見ているか気になってしまう」

「ママ友はやさしくしてくれるけど、本当はどう思っているんだろう」

「どうしてうちの子がこんなことになるの？」

　たとえ気持ちが落ち込んでも、子育ての仕事にはお休みがありません。ボロボロになりながらも、こどもと毎日向き合うことでしょう。そして、多くのママがネットや本で調べまくる事態に陥ります。検索履歴は「障がい」「発達」「ことばの遅れ」などの検索ワードばかり。そして、私のような専門家に相談することを考えはじめるママもいます。

　こどもの悩みの原因を探し始めると、いろいろな障がい名や病名が目に入ります。これもあてはまる、これもうちの子のことみたい……。「もしかしてうちの子は発達障がいではないか？」「普通の学校に行けるのか？」などの不安が襲いかかります。

　いっそのこと原因をはっきりさせて、診断がつくなら告知をされたい気持ちも生まれます。その一方で、もし診断がついたらどうしよう、これは一生なおらないものなのかと、専門家による戦力外通告に怯えはじめます。

　こどもの特性に合った方法をいろいろ集めては試してみたり、療育に通ったりすることで、問題を減らしていくことに努力していくママも多いことでしょう。自分なりに毎日、一生懸命生きてきたわけですから、なぜ、自分がこんな運命を背負わなければいけないのかと、怒りの感情が湧いてきます。怒りの矛先が運命なので、しばらくすると現実がやってきて、無力感に包まれていきます。

「あの日おでかけした後に出した熱が原因かも」

「もっと早く大きな病院に連れて行けばよかった」

「もっと早くからよい療育をみつけて通えばよくなったのかも」

「私が食べてきたものがよくなかったのかも」

「私が落ち込んでいて動かなかったからもっとわるくなった」

「私がちゃんと産んであげなかったからだね」

「ごめんね」

パソコンやスマホの画面を見るママの瞳は涙でいっぱい。

調べても調べても、答えがみつかりません。

3 最大のお悩みは？

1 三つのお悩みの中で一番深いのは 「私の産み方がわるかった沼」

はじめに登場した親子のことを思い浮かべてみてください。

暴れん坊の次男くんのママは、とても丁寧に子育てに向き合い、たっぷり愛情を注ぎ、いろんな習い事をさせてさまざまな努力をしてきました。

「あれ？ うちの子、他の子と何かが違う」

こどもを変えようともがき続けても答えが出ず、答えが出ないまま多くの時間が過ぎ去っていってしまい、自分がこれまで経験した子育てでは歯が立たなかった気持ちにうちのめされていました。これまでのママの人生は、真面目に誠実に努力すれば結果が得られてきたわけですが、長い時間結果が得られないと、ママの気持ちはだんだん落ち込んできてしまいます。

「パパも、先生も誰もわかってくれない」

そんな気持ちで毎日おむつを替えたり、ごはんをつくったり。

孤独な中で奮闘していたら、悲しみの子育てで停滞してしまいます。

悲しみの感情はどんどん足し算されていって、蓄積されていき、やがて大きな闇となって持ち運び続けることになるわけです。そのような状況に陥ってもなお愛情

を絞り出し、やさしく明るく振る舞い、丁寧さを追求し、周囲の理解を得ようと苦しみ、生活を強迫的に整え、傾向と対策が掴めないまま療育や習い事を探す毎日。思い描く理想と厳しい現実のギャップがどんどん膨らんでいきます。

もがけば
もがくほど
深みにはまる

私の産み方がわるかった沼

「私の産み方がわるかったのかも」

　一番の苦しみは、すべての原因はこの子を産んだ私にあるとしてしまうことです。

　生きていく理由を失い、自らの人生を絶ってしまう事例もあるほどです。日本の自殺率は先進国中でもトップであり、その中でもママ世代がとても高いのです。

　どれだけ悩んでも答えの出ない問題があります。

　それは沼地にはまっていくようなものです。

　答えが出ないだけでなく沼はとても深くて足がつきません。

　もがけばもがくほど深みへはまっていってしまいます。

2 沼地問題の中で最も大事なのは、沼地からの「脱出」

　はじめの物語に出てきた暴れん坊の次男くんも、家出をしてよくない友達と付き合うようになり、喧嘩したり物を壊したりしていました。順風満帆の家庭に見えたこの子の両親からしたら、一族始まって以来の前代未聞の不名誉だったことでしょう。夫婦や家庭の雰囲気は暗くなり、こどもにとってよいと思えば高額の教材を訪問セールスから購入するなどしても本人は見向きもしないなど裏目に出ることばかり。もがいて沼にはまっていってしまっています。

　沼地でもがけばもがくほどに、ママの表情や容姿はどろんこになり、人相までも悲しげに変わり、ママ本来のチャーミングさが失われていってしまいます。周囲の人は腫れものに触るように接するようになったり、夫婦の会話が減ったり、こどもへ逆にイライラが伝播したりしていきます。

そんな沼、さっさとそこから脱出しなければなりません。

　誤解のないように言いますと、もがいてはいけないわけではありません。無理にポジティブな気持ちをもつ必要もなく悩み続けるのもママの自由なのです。ただし、もがく場所に問題があります。さっさと場所を変えなければなりません。

　なぜ、沼地でもがくのをやめようとしないのでしょうか。

　それは、7つの理想のリンゴに囚われているからです。

　理想のリンゴに手を伸ばし、沼地でもがき続けることがいいことなんだという強い思い込みに支配されて、沼にはまり続けるママが多いのです。ちょっと岸に手を伸ばせば、上半身の力でなんとか脱出できるのに。そこまでわかっても、ママたちは、その沼からなかなか抜け出せません。

3　高度を上げて違う景色を見てみない？

　沼地のほとりで足元を見つめても、沼しか見えません。

　沼に深く溺れていると、周りには沼しか見えず、もがいても沼の中へ沈んでいきます。

　ところが、ピーターパンのように、ママ自身が高度をぐんぐん上げていって、空の上から周りを見下ろすと、いろいろなものがみつかるかもしれません。

「案外小さな沼だったのだな」
「沼だと思ってもがいていたのは錯覚で実は草原だった」
「あそこに可憐な花が咲いているな」
「あのきれいな山を登ってみたいな」

　あなたも空を飛んで違う景色を見てみませんか？

4 脱出した後に最も重要なことは「歩き方」

　なんとか沼地でもがくデメリットを頭で理解して脱出したとしても、物語に出てきたママは、何度も沼地にはまり直し、そして同じようにもがき、自分を責めるということを繰り返していました。

　そもそも7つの誤った思い込みを捨てきれていなければ、せっかく脱出しても、歩き方を知らないとまた次の沼地に簡単にはまり、以前と同じように三大お悩みを繰り返しながら、一見やさしそうに見えるハウトゥー本や、気持ちの良いことを言いそうな専門家へ吸い寄せられたりしてしまうのです。

　沼地を脱出しても脱出しても、何度もまたはまってしまうので、いつまでたっても目的地までの距離が近づきません。目的地がどこかさえもしだいにわからなくなっていきます。

　あっという間にまた時が過ぎ、すごいスピードで親子は年を重ねていきます。

「何かを変えなければならない」

　ママたちはそんなふうに思っているけれど、どうしたらよいのか悩んでいます。

4

CHAPTER

人生は長く続く旅のようなもの

1 必要なのはある道具です

　目の前にある問題は今そこにあるものなので、非常にクリアに色濃く見えます。

　しかし、人の発達は一生涯続くものなので、その全体像はなかなか見えてきません。7つの思い込みに振りまわされず、沼地にはまらずに歩くためには、どうしたらいいのでしょう。

　ピーターパンのように高く大空を飛んで景色を俯瞰したり、人生や子育てを何かになぞらえてみると考えやすいかもしれません。

　旅に例えてみるとどうでしょう。

　人生の時間や道のり、行った場所で目にした風景、その体験から感じたことが映像となって、目の前に現れます。すると、今目の前に起きている問題はちょっとした冒険物語のように思えてきませんか。

　それはとっても簡単。

　ある道具を使って進むことです。

　その道具とは何でしょう。

旅に必要なのは、「地図」という道具。

旅行にでかけて観光をするとき、船に乗るとき、山を登るとき。

人は初めての場所でなんのガイドもなく、その道を楽しむことができません。

楽しむどころか、安全に進むことさえできなくなってしまいかねません。

水先案内人や山岳ガイド、添乗員さんがそばで安全な道や気づかないような素敵なポイントを教えてくれるように、人生や子育てでもそんな人がいればいいけれど、いつもそんなわけにはいきませんよね。

自分で好きな時に見ることができる「地図」を持って歩けたらいいと思いませんか。

2 地図を持って発達の世界を歩く

　一昔前、地域の人々みんなでこどもを育てていた時代では、親、大家族のおじい
ちゃんやおばあちゃん、親戚のお兄さん、近所のおじさん、おばさんなどのいろん
な旅を経験してきた人がいて、歩き方を教えてくれたり、沼地にはまっていると引っ
ぱり上げてくれたりしました。ママたちは手取り足取りで旅の仕方を学べたのです。

　しかし現在は、みな核家族化して、ママたちは子育ての旅を手取り足取り教えて
くれるガイドを失い、望まない方向へ進み遭難してしまう人たちが増えました。で
も、それは社会の仕組みにも問題の一端があるのです。だからこの時代の子育ての
旅をするママたちには地図が必要なのです。

　地図さえあれば、どこに沼地があるのかが発見できます。

　沼地をさけて歩けるだけでなく、わが子を育てる旅のルートは、こっちからも
あっちからもいけるかも、といろいろなルートを楽しむこともできるのです。さら
には、もっと高い山に登ってみたいとか、清々しいキャンプ場でテントを張りたい
とか、時には沢を登ったり、きれいな花を見たり獲物をゲットしたりといった冒険
がいっぱい詰まった旅を味わいながら進んでいくことができます。

　楽しそうでしょ？

悩む時も考える時も、楽しむ時も振り返る時も、子育ては長い長い旅。

　こどもに特性があってもなくても、こどもに障がいがあってもなくても、現代という困難な時代を生きるすべてのママに必要なのは、その人だけのオリジナルの地図です。一人ひとりは価値観も、行きたいところも、見たい景色も、進みたいスピードも違うからです。

　いつも自分だけの地図を携えて、味わい深い旅をしていけたらいいですよね。

　もしもあなたが人生を変えたいと思うのなら、地図を持つとよいでしょう。

　地図を持って進むと、不思議なことが起こります。

　あなたを助けてくれる人が現れたり、これまでうまく付き合えなかった人が味方に変わり、素晴らしい冒険のパートナーに変身したりするのです。

　地図という目に見えるものが人と人をむすびつけ、地図を持って Start すると周りの人が子育ての味方になるのです。

　現代版共同養育といってもよいかもしれません。

5 旅への誘い

~キッチンから旅へでかけよう~

CHAPTER

1 ムリムリママの面談あるある

「そんなのムリ、考えられません。それより、
今私が困っていることを解決する方法を教えてください」

　多くのママは、白いキャンバスに自分自身の考えていることや気持ちをゼロから自由に描いていくことに苦手さを感じています。

　人生の中でママがほしい結果や、親子の間で今芽生えていること、どんなことを楽しんでみたいかということを、一から考えてことばにしていくことは簡単なことではありません。その原因はママが今、沼地の中にいるからです。

　沼地の中でドロドロになった状態で、ポジティブに考えることも未来の夢も思い

つきません。今その問題（沼）から抜け出すことに必死ですから、そんな大きな視点で語れるわけがないのです。

　それなのに面談の場で「どっちを選びますか？」といった選びやすい質問ではなく、「お母さんは一体どうなりたいですか？」という自由度が高く答えにくい質問がママに迫ってきます。その時うまく返答できないと、「思いつかない私は、ダメなママなのかな」とママは自分を責めてさらに沼地にはまり込んでいったり、「なんだかあの人とは話が合わない」「専門家ならうまく引き出すべきなのに」などと質問者を拒絶したくなってしまいます。

「人生の地図って、すてきな話だとは思うけど、なんだかむずかしそう」
「セレブな高学歴ママが意識高くやる感じですか？」

　そんな声が聞こえてきそうです。
　ゴール設定とか、未来をデザインするとかいうワードが巷にはあふれていて、未来を描いていくことは一部のセンスのよいママがやる特別なことだと思ってしまうママもいることでしょう。
　自由に描いていくことへの苦手さが生まれる原因は、日本の学校教育にその一端があります。多くの人は、いつも先生に教えられた方法で問題を解きながら勉強し、海外のこどものように、自分の考えた方法で問題を解くことをよしとされてきませんでした。
　教えてもらった方法を繰り返し努力することは得意でとても上手ですが、自分で決めたり、自分で考えを生み出すことには慣れていません。うまく答えられない原因は、その人の能力というよりは、受けてきた教育が大きく影響しています。

「しかたない、そうやって育ってきたのだもの」
「そんな私では沼地からずっと抜け出せないのかしら」
「私にはムリムリ…毎日忙しいし」
「私には縁のないことだわ」

その判断ちょっと待ってください。

これまで実際に地図を描いたママたちも、はじめは同じことを言いました。でも、実際に地図を手にしたその日から、みんな人生がどんどん明るくなっていきました。

地図を描くことはむずかしいことではありません。

地図を手にした一人のムリムリママに起こったビフォーアフターを見てみましょう。

２ あるムリムリママに起こったビフォーアフター ～地図をながめているだけで変化が起きる～

いろいろなつまずきがあって自信をなくしていた親子がいました。通級教室に通う小学校２年生の男の子は書くことに苦手さがあり、ひらがなも漢字も書き写すことが大変でした。ママは息子の宿題に付き添い、真面目な親子は宿題を終わらせるのに何時間も費やす毎日でした。それでも周囲のこどもと勉強の進み具合にだんだん差ができはじめ、その男の子は教室に入ることができなくなってしまいました。

ママ：一歳半の健診のときに運動やことばが遅れていると言われました。療育を紹介されてずっと通い、いろんな訓練を受けてきたのですが、年齢があがっても悩みは深くなるばかりです。私もとても不器用だから、息子の大変さがとてもわかるんです。息子は私に似て勉強ができないのかなと思ってしまい、自分を責めてしまいます。

山口：沼地にはまってしまったんですね……

ママ：パパには「無理にでも行かせないと不登校になってしまうぞ」と言われてしまい、パパにも責められているような気持ちになりました。

山口：〇〇さん、人生を旅に見立てて地図を描いてみませんか？

ママ：なんだかむずかしそう……私にはムリです。不器用だし、センスないし。

山口：すぐに書かなくてもいいんですよ（地図を手渡す）。

ママ：可愛い！ これ、どうするんですか？

山口：おうちの冷蔵庫に貼ってもらえませんか？

ママ：え、冷蔵庫ですか？

山口：そう、冷蔵庫。毎日開けるでしょ？ 毎日開けるときに見てたら、だんだん
　　　魔法がかかるんですよ。

ママ：……？

山口：そのうち、その地図があなたとお子さんに問いかけてきますから！

　すこし不思議な顔をしながら、ママは地図を持って帰りました。
　そして、1か月後。

ママ：学校に行きはじめたんですよ。

山口：何があったんですか？

ママ：あの子、象形文字に興味を持ち始めて、お風呂で書くようになったんですね。
　　　そしたら漢字ドリルが好きになってきて、学校へ行くって言いだしたんです。

山口：ふむふむ。

ママ：私も、宿題がしんどくなっちゃって、あの子の書きたいものを一緒にそこら
　　　じゅうに落書きして遊んじゃったんです。壁とか顔とか。

山口：おもしろそう！ ところで地図はどうしました？

ママ：すぐに冷蔵庫に貼りました。この頃はあの子と一緒にそこへ書き込んだりし
　　　ちゃいました。あっ、そういえばその頃からあの子、落書きとかして遊ぶよ
　　　うになったんだわ。

山口：貼ってくれたんですね。

ママ：パパも毎日それを見ていて、あの子に「ママってこんないろいろ考えてくれ
　　　てるんだね」と語りかけたり、壁の落書きを見て「めっちゃ真面目に道楽し
　　　ているな！」と笑ったりするようになったんですよ。びっくりです。

山口：パパのコメントもナイスですね！

沼地にはまっていたママと、宿題に苦しんでいた彼は、今では他の友達と自分たちを比べることをしなくなりました。今では宿題だけでなく、読書感想文や運動など、苦手に感じるものがあると逆手にとってそれをテーマにし、いかに面白くチャレンジして楽しめるかを追求する生活スタイルが定着したのです。

3　冷蔵庫から旅が始まる

　地図を持って旅をする上で一番大切なことは、地図の上に何かを書くことよりもまずは地図と対話をすることです。

　はじめは自分にはムリだと言っていたママも、冷蔵庫の扉を開くたびに地図に語りかけられ、知らないうちに旅をスタートさせていました。

　地図は可愛らしくデザインされているので大抵のママは手に取って持って帰ってくれます。

そしてしばらくすると
ある不登校のお子さんは学校へ通い始めたり
あるママはあまり悩まなくなったり
あるお子さんは友達と喧嘩をしなくなったり
あるママは見違えるほど明るい表情になったり
いろいろな変化が起こり始めます。

おうちのキッチンに
地図がやってきたときから
すでに旅は始まっているのです。

見るだけで
いいの？

STORY

2

冒険の準備

『発達の地図』

vage

人生を旅に例えて歩いてみよう

CHAPTER

1 地図と3つの道具

「地図が大切だということはわかったけれど、いったいどういうものなの？」

「はい、これです！」

❶ 人生を変える『発達の地図』

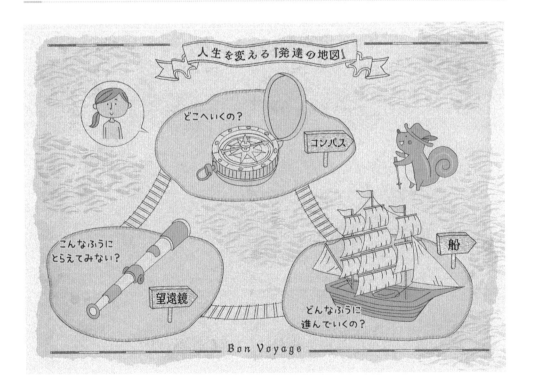

人生を旅にたとえ、親子の冒険の物語を地図に載せるイメージです。

地図の中には3つの島に3つの道具が描かれています。

❷ 旅を冒険物語に変える3つの道具

親子の行き先の照準をどこに合わせるか
ということをイメージします。

親子のこれまでの物語をどうのぞくか
ということをイメージします。

親子のこれからの物語をどう進むか
ということをイメージします。

すこしイメージできてきましたか?

もしあなたが、旅に見立てた人生をよりよいものに変えたいと思っているのなら

次の❶〜❸をことばで埋めてみるとよいでしょう。

「地図は、私が自分でつくるの？」

「これまでのルートではいけなかったの？」

　自分の持つ地図は、自分で描くことができるのです。

　これまでと同じルートで進んでいってもよいのです。

　これまでとは違った旅のルートを書き換えてもよいのです。

　大切なのは自分の人生のハンドルを自分が握っているという実感をもって進むこ

とです。

　あなたにそれを実感してほしいのです。

　あなたの人生の主人公は、あなただからです。

　あなたも自分だけの人生の旅の地図を描いてみませんか。

2 あなたがあなたと対話する

● 9つの質問

地図をながめてみてください。

アイコンごとに質問が3つずつ置いてあります。

Q1からQ2へ、Q2からQ3へ順番に答えていくと答えが拡がっていきます。

質問に答えることは、あなたがあなたと対話をすることです。

対話を進めていくことで、これまで思い込んでいた子育ての常識ではなく、あなたの中にあなただけのキラキラ輝くリンゴの実を実らせていくことができます。

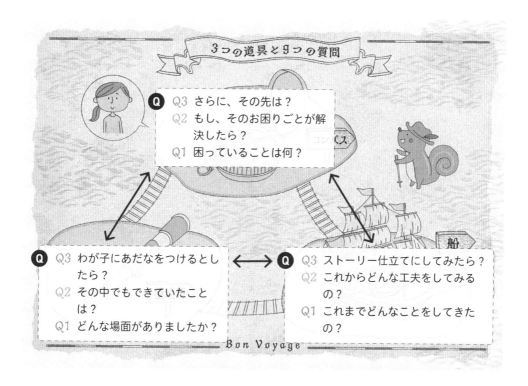

3つの道具と9つの質問

Q Q3 さらに、その先は？
Q2 もし、そのお困りごとが解決したら？
Q1 困っていることは何？

Q Q3 わが子にあだなをつけるとしたら？
Q2 その中でもできていたことは？
Q1 どんな場面がありましたか？

Q Q3 ストーリー仕立てにしてみたら？
Q2 これからどんな工夫をしてみるの？
Q1 これまでどんなことをしてきたの？

Bon Voyage

STORY 2 冒険の準備

9つの質問を高度レベルごとに分けるとこのようになります。

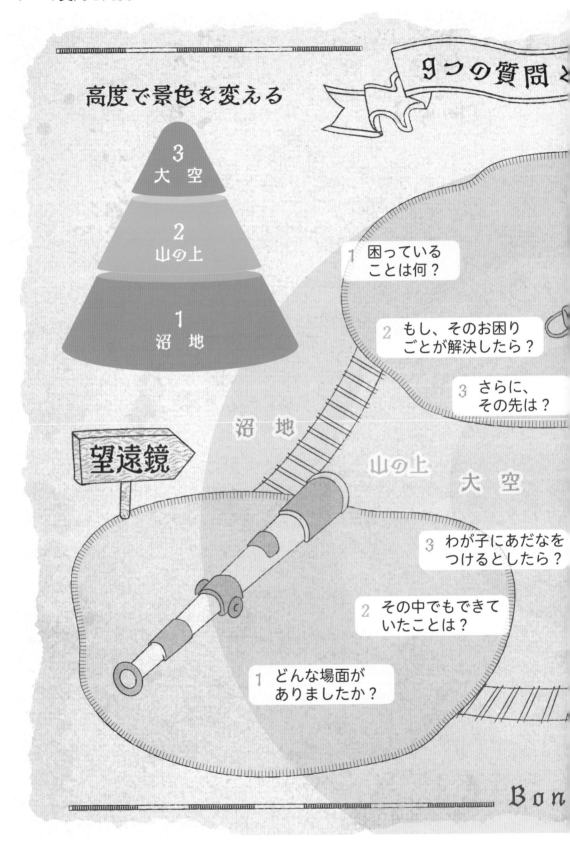

高度で景色を変える

3 大空

2 山の上

1 沼地

9つの質問と

1 困っていることは何？

2 もし、そのお困りごとが解決したら？

3 さらに、その先は？

沼地

山の上

大空

望遠鏡

3 わが子にあだなをつけるとしたら？

2 その中でもできていたことは？

1 どんな場面がありましたか？

Bon

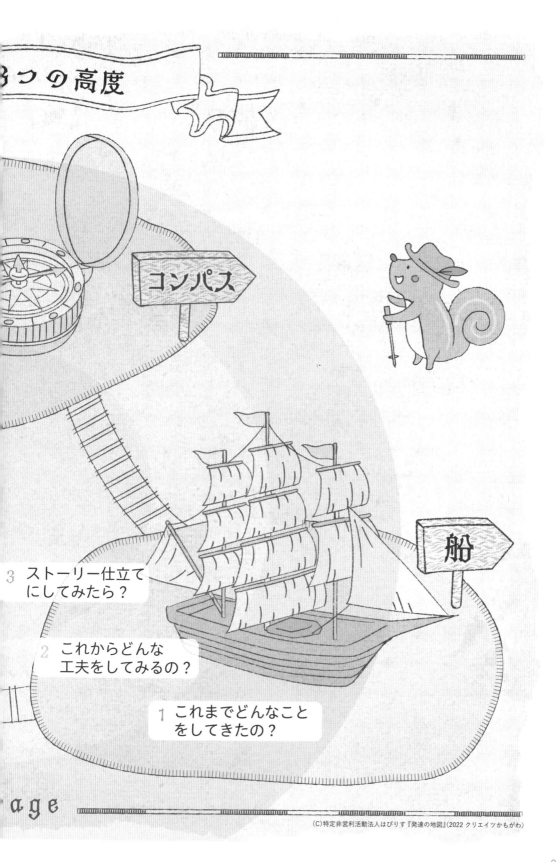

3つの高度

コンパス

船

3 ストーリー仕立て
  にしてみたら？

2 これからどんな
  工夫をしてみるの？

1 これまでどんなこと
  をしてきたの？

どこにいてもいいけれど

もし沼地から抜け出したいと願うなら

この9つの質問に答えていくとかないます。

Q1 「沼地」のレベル

● 今、自分がいるところです。

● 今困っていることや解決したいことをことばにした状態です。

● 問題を解決することに必死なレベルともいえます。

Q2 「山の上」のレベル

● ほしい結果を手に入れる状態です。

● 自己実現のレベルともいえます。

Q3 「大空」のレベル

● 人生を俯瞰して理想となる未来を描く状態です。

景色を変える MAP

	沼　地 今いるところ 問題解決に 必死なレベル	山の上 ほしい結果を 手に入れる 自己実現のレベル	大　空 人生を俯瞰する 親子の未来を デザインする レベル
コンパス	**Q1** 困っている ことは？	**Q2** 解決したら？	**Q3** その先は？
望遠鏡	**Q1** どんな場面が あったの？	**Q2** できていた ことは？	**Q3** あだ名を つけたら？
舩	**Q1** どんなことを してきた？	**Q2** どんな工夫を するの？	**Q3** どんな STORYを 描く？

（C）特定非営利活動法人はぴりす『発達の地図』(2022 クリエイツかもがわ)

STORY
2

冒険の準備

2 『発達の地図』を描きはじめる

CHAPTER

～Qカードと書き込みシートを使う～

「9つの質問はどこから答えていくの？」

どこからでもOK です。

ここでは、2つのルートの描き方をご紹介します。

1 道具のルート：道具ごとに答えていく

【Qカード】

　Qカードは、ママの想いを対話形式で引き出すきっかけとなる道具です。

　ママが保育園の先生と、療育の先生と、ママ友達たちと会話をするときに、Qカードを見ながら進めると盛り上がったり内容が深まったりするでしょう。

　ママがパパやお子さんと一緒にこれからのことを考えていくとき、Qカードを一緒にながめたり指差したりしながら会話をしていくときっと話が弾むことでしょう。

　ママが一人で思考するとき、Qカードをそばに置いておくとQカードが語りかけてくれます。きっと自分自身と対話をしているような気持ちになるでしょう。

　Qカードには「**道具ごとに考えるQカード**」と「**景色ごとに考えるQカード**」の2種類があります。

　発達の地図に書き込む前にQカードを使って想いを引き出し、書き込みシートに想ったままを書き込んでみましょう。

●景色を変える MAP の「道具のルート」

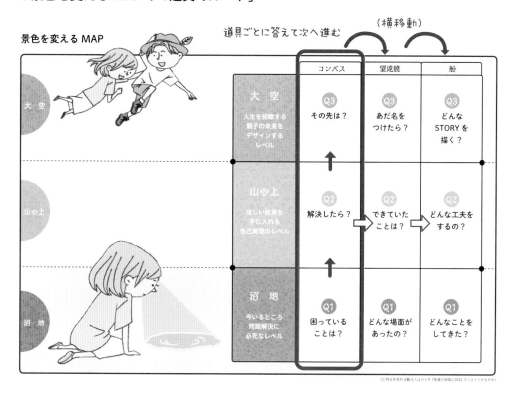

（C）特定非営利活動法人はぴりす「発達の地図」/2022 クリエイツかもがわ

●道具のルートで 使う Q カード

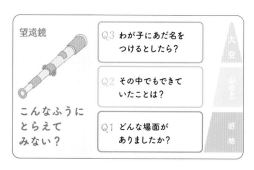

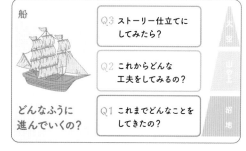

●道具のルートで使う書き込みシート

Qカードで出てきたこたえを書き込みシートに書き入れてみましょう。

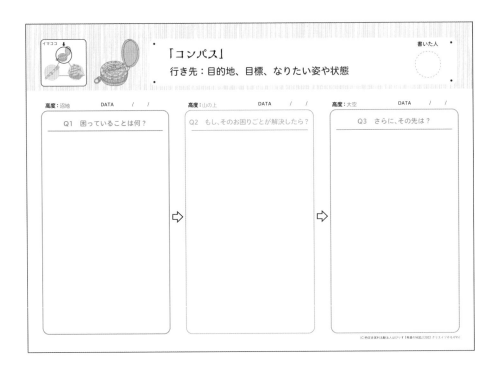

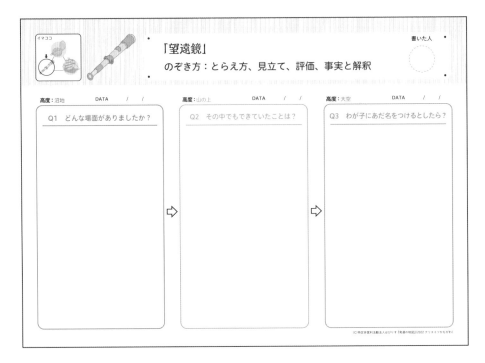

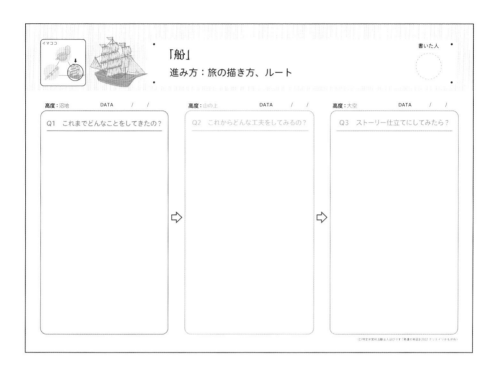

それぞれのカードを見ながら、

自分の心に問いかけてみたり

こどもと話し合ってみたり

もしくは学校の先生や療育の先生と一緒に語り合ってみましょう。

人は対話の中で、イメージが浮かび、アイデアが生まれます。

「こうなりたい」という思いが明確になり

「こうしよう」と決めることができます。

2 景色のルート：景色ごとに答えていく

●景色を変える MAP の「景色のルート」

		コンパス	望遠鏡	船
大 空 人生を俯瞰する 親子の未来を デザインする レベル		Q3 その先は？	Q3 あだ名を つけたら？	Q3 どんな STORY を 描く？
山の上 ほしい結果を 手に入れる 自己実現のレベル		Q2 解決したら？	Q2 できていた ことは？	Q2 どんな工夫を するの？
沼 地 今いるところ 問題解決に 必死なレベル		Q1 困っている ことは？	Q1 どんな場面が あったの？	Q1 どんなことを してきた？

景色ごとに答えて次へ進む（たて移動）

(C)特定非営利活動法人はびりす『発達の地図』(2022 クリエイツかもがわ)

●景色のルートで使う Q カード

沼地のレベル

Q1 困っていることは何？

Q1 どんな場面が
ありましたか？ ⇄ Q1 これまでどんな
ことをしてきたの？

山の上のレベル

Q2 もし、そのお困りごとが
解決したら？

Q2 その中でも
できていた
ことは？ ⇄ Q2 これから
どんな工夫を
してみるの？

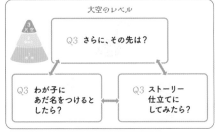

大空のレベル

Q3 さらに、その先は？

Q3 わが子に
あだ名をつけると
したら？ ⇄ Q3 ストーリー
仕立てに
してみたら？

親子の発達のオリジナル冒険プランが、高度レベルごとに1枚つくられるので、合計3枚仕上がります。もちろん、この中に書く内容は、ワンセンテンスでも、文字をいっぱい入れても、絵や4コマ漫画で書き込んでもかまいません。

　発達の地図は何度も書き換えながら洗練させていくものなので、正解も誤りもありません。

●景色のルートで使う書き込みシート

Ｑカードで出てきたこたえを書き込みシートに書き入れてみましょう。

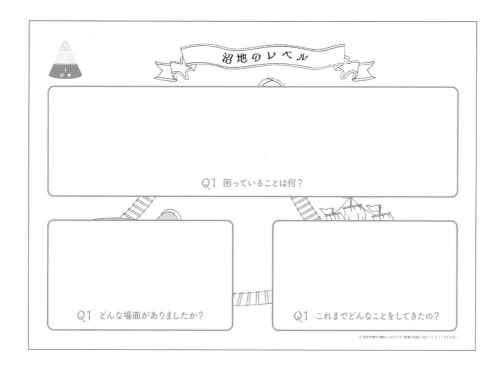

山の上のレベル

Q2 もし、そのお困りごとが解決したら?

Q2 その中でもできていたことは?

Q2 これからどんな工夫をしてみるの?

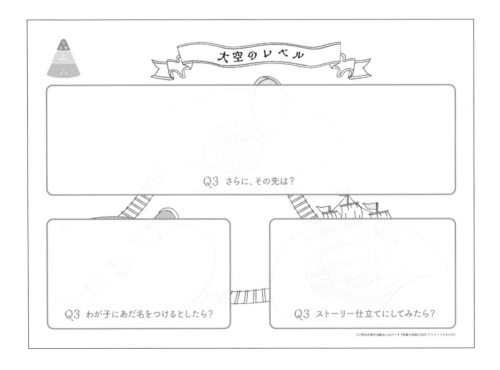

大空のレベル

Q3 さらに、その先は?

Q3 わが子にあだ名をつけるとしたら?

Q3 ストーリー仕立てにしてみたら?

●『発達の地図』の記入シート

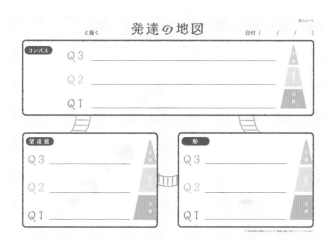

　Qカードや書き込みシートを使って、それぞれの質問への答えがことばになってきたら、ことばをできるだけシンプルにしてこちらのシートに記入していきましょう。

　一気に埋めても、少しずつ時間をかけて埋めていってもよいのです。

　何度も描きなおしたり、追加したりながら、このシートを成長させていくのもよいでしょう。また、前の章で出てきたムリムリママのように、描かなくても、冷蔵庫に貼っていつも自分の目に触れるようにして、自分と対話するだけでも毎日がだんだん未来へ続く物語へと変化していきます。

3 道具のルートで描くママの一事例

CHAPTER

道具のルートで地図を描くプロセスを実際に見てみましょう。

山口があるママと話しています。

 コンパスの章 ～行き先を変える～

行き先：目的地、目標、なりたい姿や状態、問い

Q1 困っていることは何？

解決したい問題（心配、お悩み、悲しみ、不安、怒り）

Q2 もし、そのお困りごとが解決したら？

ほしい結果（どんなことをさせてあげたい？ どんなことを一緒にしたい？ どんな喜びを味わいたい？）

Q3 さらに、その先は？

描きたい未来（将来期待する姿は？ ママらしい子育てとは？ どんな家族になりたい？）

コンパスの質問に答える

Q1　困っていることは何ですか？

ママ　「うちの子が元気すぎることです」

山口　「元気すぎると困るんですか？」

ママ　「座らないし、すぐ立ち歩くし、お友達にちょっかいを出すし、あちこち
　　　動いて危なっかしいんです」

山口　「それは、どこで起きているんですか？」

ママ　「家でもひどいけれど、保育園ではとくにひどくて、園の先生からお迎え
　　　の時にいつも、大変だと話を聞かされます。仕事から戻ってすぐでへこみ
　　　ます」

山口　「それはへこみますね」

ママ　「ガミガミ怒ってばっかりで、喉にポリープができて、声がかれてきちゃっ
　　　て」

⇩

「すこしは落ち着いてほしい」 沼地のレベル

Q2　もし、そのお困りごとが解決したら？

　ママ　「解決するわけないじゃない、むしろひどくなってきている」

　山口　「（笑）もし魔法がかかって、その問題がフッと消えたとしたら」

　ママ　「消えるとしたら？」

　山口　「空想で結構ですよ」

　ママ　「はい（目を閉じて空想中）」

　山口　「どんなことをさせてあげたい？　どんな姿が見てみたい？」

　ママ　「エネルギッシュなことはわるくないんです。私が風邪ひいたりするとやさしいの。友達にもやさしくしたりできるといいのに」

　山口　「それ、とってもいいですね！」

「彼のよさが周りに理解されるといいな」　山の上のレベル

Q3　さらに、その先は？

　ママ　「その先ってどれぐらい先ですか？」

　山口　「１年後でも、小学校に入ってからでも、社会に出てからでも」

　ママ　「私もね、あの子と同じようなこどもだった。よく怒られました。でも、行動的だから仕事には自信があるんですよね」

　山口　「へー、DNAですね。大器晩成、間違いなしですね」

　ママ　「（照れ）あの子も将来は仕事のできるリーダー的な存在になれると思う」

　山口　「起業家になったりして！」

「仕事のできるリーダー的な存在になる」　大空のレベル

『発達の地図』のコンパスの部分が埋まりました。

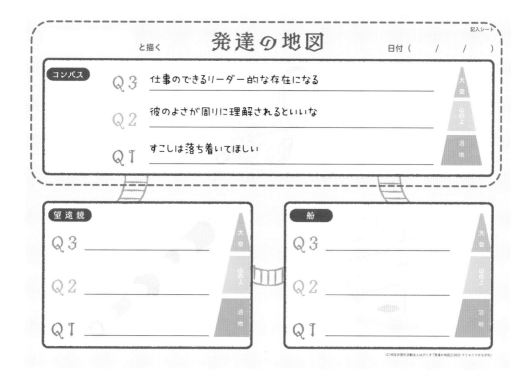

発達の地図

記入シート

と描く　　　　　　　　　　　　　　　　　　　　日付（　/　/　）

コンパス

Q3　仕事のできるリーダー的な存在になる

Q2　彼のよさが周りに理解されるといいな

Q1　すこしは落ち着いてほしい

大空
山の上
沼地

望遠鏡

Q3 _____
Q2 _____
Q1 _____

大空
山の上
沼地

船

Q3 _____
Q2 _____
Q1 _____

大空
山の上
沼地

(C)特定非営利活動法人はばりす『発達の地図』(2022 クリエイツかもがわ)

COLUMN **行き先を描くとなぜよいの？**

☐ 行き先を決めないと人生をムダにする

　私たちの一生には限りがあり、あまり長くありません。子育ての最中にいると、毎日が問題に追われて、てんてこまいかもしれませんね。追われる毎日を過ごしていると一瞬にして人生は終わってしまいます。行き先とは人生で答えを出すべきテーマ（問い）のことです。

　残念ながら、一度きりの人生のなかでは答えを出せる「問い」は、思ったよりも多くありません。流れに身をまかせたり、がむしゃらに突き進むのが大好きな日本人ですが、本当に答えを出しておくべき問いを定めておかないと、人生はあっという間にすぎていってしまいます。

☐ 問いを磨けば人生にテコがかかります

　問いとは、その人が歩む道のようなものですから、問いを磨くことが人生を磨くことになります。「彼を矯正して落ち着かせるには？」という問いと「彼のエネルギーを使ってお友達をお世話するには？」という問い。問いの立て方ひとつで、その歩む道がまったく変わってきますよね。

☐ 問いを変えると、のぞき方が変わります

　問い（「行き先」）を変えると「のぞき方」も変わってきます。「多動を落ち着かせる」という目でのぞいた望遠鏡では、先生のお小言ばかり見えていました。「彼の多動を活かす」という望遠鏡では、ママが風邪をひいたときにやさしくお世話してくれるというシーンがのぞけましたね。行き先が素敵になると、望遠鏡も色鮮やかなレンズに変わります。

望遠鏡の章　〜のぞき方を変える〜

のぞき方：とらえ方、見立て、評価、事実と解釈

Q1 どんな場面がありましたか？

弱み（気になること、発達の遅れ、うまくいかない場面）

Q2 その中でもできていたことは？

強み（できなくても気持ちは芽生えているのか？　部分的にはできているのか？　それ以外はできるのか？　本人なりの方法は？）

Q3 わが子にあだ名をつけるとしたら？

味わい（ママと共通していることは？　どんな味わいがあるの？　どんなかわいらしさがあるの？）

望遠鏡の質問に答える

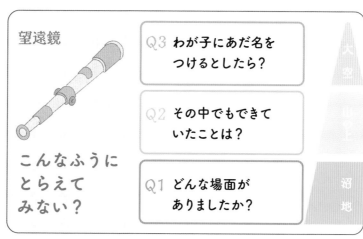

望遠鏡

こんなふうに
とらえて
みない？

Q3 わが子にあだ名を
つけるとしたら？

Q2 その中でもできて
いたことは？

Q1 どんな場面が
ありましたか？

Q1　どんな場面がありましたか？

　ママ　「うちの子はウルトラ多動。まったく私の言うことなんて聞きやしません」

　山口　「例えば？」

　ママ　「今日も保育園で問題を起こして先生に注意されて帰ってきました」

　　　　「お友達が遊んでいるブロックをいきなり取り上げたんです」

　山口　「激しそうですね」

　ママ　「お友達が返してってあの子に言ったら喧嘩になって……最後はかみつい
　　　　てお友達を泣かしてしまったらしいんです。すぐキレるし我慢できない子
　　　　なんです」

「すぐにキレる、我慢ができない子」 沼地のレベル

Q2　その中でもできていたことは？

　ママ　「年少や未満児クラスのこどもたちにはやさしいのよ」

　山口　「へぇ、お世話好きなんですか」

　ママ　「ええ、クラスの中では結構やり合っているらしいけど、小さい子にはや
　　　　さしいんです。年少さんのクラスへしょっちゅうでかけていって、お世話
　　　　しているらしいです」

「年下にはやさしく、お世話好き」 山の上のレベル

Q3　わが子にあだ名をつけるとしたら？

山口：「うちの子、こんな子なんですってかわいらしく表現したらどんな感じです？」

ママ：「そうだなあ……お世話好きな野生児、かな。止めるな危険！って感じです」

「お世話好きな野生児（止めるな危険）」 大空のレベル

『発達の地図』の望遠鏡の部分が埋まりました。

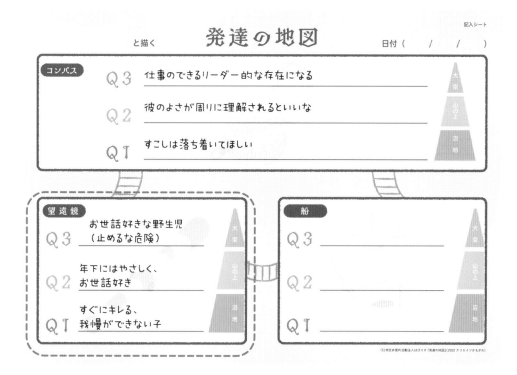

発達の地図

と描く　　　　　　　　　　　　　　　　　　　　　　　日付（　　／　　／　　）

記入シート

コンパス

Q3　仕事のできるリーダー的な存在になる

Q2　彼のよさが周りに理解されるといいな

Q1　すこしは落ち着いてほしい

望遠鏡

Q3　お世話好きな野生児（止めるな危険）

Q2　年下にはやさしく、お世話好き

Q1　すぐにキレる、我慢ができない子

船

Q3

Q2

Q1

STORY 2

冒険の準備

なぜ、あだ名をつけるのか？

☐ 診断名から未来は描けない

　家庭や学校は生活の舞台です。診断名をつけることは、科学的な根拠としては必要なものですが、あくまでもそれは、手段の一つに過ぎません。問題点を減らすことは手段であって目的にはならないのです。

　生活の場面を豊かに描くためには、生活を舞台にした台本が必須です。診断名があろうとなかろうと、何らかの障がいがあろうとなかろうと、未来の筋書きを描くには一人ひとりのキャラクターを活かすしか方法はないのです。

☐ 良いもわるいもない

　こどもたちは、こどもたちなりの力を使ってこの世界に一生懸命働きかけています。教室での問題児が校庭でのヒーローであったり、教室の中での優等生が校庭では引っ込み思案であったりと、強みと弱みは表裏一体の関係で、割り切れるものではありません。

　超エリートに育ったこどもが大きくなるとうつになって引きこもってしまったり、幼少期に問題ばかり起こしていたこどもが、大人になると叩き上げの起業家になりバリバリ業績をあげたりなど、こども時代の評価が大外れすることは珍しいことではありません。

　平凡な人は個性的な人に憧れ、個性的な人は平凡な人に憧れます。このないものねだりの葛藤こそが人間らしさそのものです。長所と短所、強みと弱みを整理した後は、そのことそのものには良いもわるいもないという感覚をもち、葛藤しながら育っていくこどもの現状をそのまま受け入れたいものです。

☐ あだ名をつけると未来のSTORYが動き出す

　すべての人が持っている「味わい」に名前をつけたものが「あだ名」といえます。あだ名は台本で言うところの役柄とでもいいましょうか。配役を決めて、初めて人生を物語に変えることができます。未来を自分らしく進んでいくためには、どんな役を生きるのか、キャスティングが必要となってきます。不思議なことにあだ名というのはとても強力で、あだ名をつけたその時から、あだ名にあったSTORYが現実世界でも動き始めるのです。

船の章　～進み方を変える～

進み方：行動、アクション、作戦、戦略、プラン、STORY

Q1 これまでどんなことをしてきたの？

毎日どんなふうに関わっているの？　どんな人に相談したの？

どんな知識を見つけた？　どんなことをやってみたの？

Q2 これからどんな工夫をしてみるの？

もっと楽にお困りごとを減らすとしたら？　問題は棚置きしてみる？

今できていることをふくらましていくには？

今楽しめていることを広げるには？　ほしい結果へむかうために何をし

よう？

ストーリー仕立てにしてみたら？

いつどこで誰とどんな雰囲気で、その工夫をやってみる？

Q3 あだ名を登場人物として設定してみたら？

このあだ名にあったやり方は？

このあだ名の個性を活かすには？

このあだ名は将来に向けて、どうプロデュースするの？

船の質問に答える

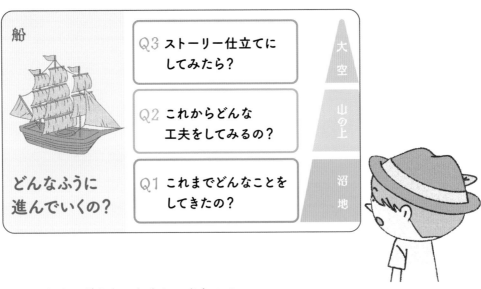

Q1　これまでどんなことをしてきたの？

ママ　「朝から晩までガミガミと大声で怒り続けてきました」

山口　「どんなふうに？」

ママ　「ちゃんとすわりなさい、いただきますは？　保育園では先生の言うこと
　　　を聞きなさい、って」

山口　「結果はどうでした」

ママ　「どんなに言っても聞いてくれず多動性は増すばかりでした。できないよ、
　　　わからないよって泣きながら」

山口　「それは見ているママも心が苦しかったでしょうね」

ママ　「私一人で育てているし、世間に出しても恥ずかしくない大人に育てなけ
　　　ればと焦っていました。私の教え方では限界があるからいろいろ相談に
　　　いきました。声もかれてハスキーボイスになってしまいました」

「ガミガミと大声でしつけてきた」 沼地のレベル

Q2　これからどんな工夫をしてみるの？

ママ　「誰も子育てを代わってくれないし、仕事も忙しいし、心と時間のゆとりがない」

山口　「よくがんばってますね。心と時間のゆとりができたら、どんなことをして
　　　あげたいですか？」

ママ　「（涙）本当はいっぱい、いっぱいほめてあげたい。私も厳しく怒られながら
　　　育てられてきたからつらかった」

山口　「お母さんからの声かけで、うれしそうだった場面はありましたか？」

ママ　「あれ見てきてとか、あれとってとか、何か頼み事をするととってもうれしそう」

山口　「余裕がないのなら、お手伝いやご奉仕の号令を意識的にやってはどうです
　　　か？」

ママ　「それなら今やっていることだから簡単にできそう！」

「お手伝いやご奉仕の号令をたくさん出す」 山の上のレベル

Q3　ストーリー仕立てにしてみたら？

ママ　「未来のことなんて考えられなかったです」

山口　「コンパスのところで描いたのは（行き先）、『仕事のできるリーダー的存在
　　　に成長するには？』でしたね」

ママ　「これから先、多分学校とかでいっぱい怒られると思うんです。でも、私の
　　　小さい頃にそっくりだからお勉強はそこそこできるんじゃないかな」

山口　「その先は？　大人になってからとか？」

ママ　「多動力を活かすとするなら、やり手の営業マンや起業家になってガンガン
　　　稼いでほしいなあ。あの子ならできそうな気がします」

「怒られながらも、多動力を活かしてやり手のビジネスマンへ
成長していく物語」 大空のレベル

『発達の地図』の船の部分が埋まりました。

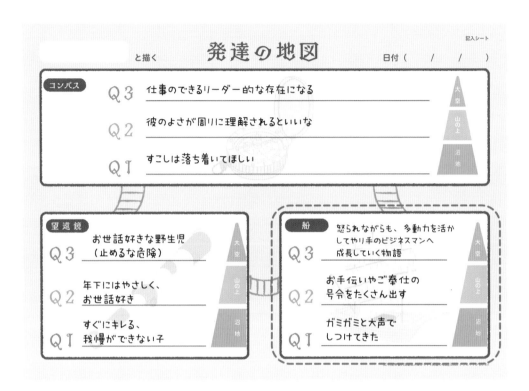

発達の地図が完成しました！

なぜ、どう進むのかを STORY で描くのか

☐ これまでやってきたことが、これまでの物語

　物語とは過去と未来をつなぐものです。未来を描こうと思ったら、これまで何をしてきたかを書き出して物語にまとめます。これまでのことを物語として考えると、未来に待っていることはTo Doリストのようなタスクではなく、過去というバトンを未来へつなぐ物語へと変わっていきます。

☐ 過去を工夫したものが、これからの物語になる

　こどもやママたちと描くこれからの物語は、真っ白なキャンバスに描いていく作業に似ています。クリエイティヴな作業が得意なママも苦手なママもいることでしょう。苦手でもまったく問題ありません。過去の物語を改良したり、工夫したりしたものが未来の物語になっていきます。

　この事例では「世話好きでやさしい」「お手伝いやご奉仕の号令をたくさん出す」という、二つの質問への答えがみつかりました。それがこどもにヒットするかどうかはわかりませんが、失敗した数だけ成功は近づいてきます。必要なのは想像力。自由にどんどん描きましょう。

☐ STORYは現実化する

　伝言ゲームというSTORYのないことばは5人目ぐらいでたいてい誤って伝わっていきます。ところが、日本昔ばなしのような伝承物語はいつまでも世代を超え、形を変えずに伝えられていきます。

　よく「思考は現実化する」と言われますが、正しく言えば「STORYは現実化する」です。人間の脳はSTORYに反応するからです。

　なぜ、STORYが強力なのかというと、STORYとは、言語ではなく映像だからです。映像には、雰囲気や香り、感情や運動感覚などのたくさんのデータが詰まっています。STORYを聞く人は、想像力を掻き立て、自分の経験と照らし合わせ、追体験をします。STORYに変換して地図に書き出していくと、そのことばにはパワーが宿ります。

　それを繰り返してながめているうちに、親子は自分で描いたSTORYの影響を受けて、その世界が日常の中で現実化していくわけです。

付録　クイックガイド『発達の地図』の描き方

道具のQカード

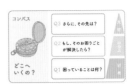

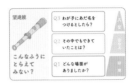 

ネタだし

発達の地図（貼紙）

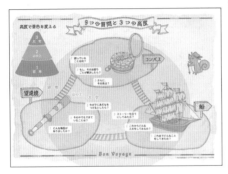

道具ごと

景色のQカード

ネタだし

景色ごと

POINT

1 ――――
「発達の地図」の
全体像を掴む

❶発達の地図の全体像「発
達の地図（貼紙）」
❷3つの道具と9つの質問
から構成されている
❸道具の意味を知る

2 ――――
「発達の地図」を
描く流れ

❶どのルートで描くかを選ぶ
❷Qカードと書き込みシー
トを使って質問に答える
❸「発達の地図（完成）」へ
書き込む

3 ――――
Qカードを使う

●自分に問いかける
●こどもや家族と話し合う
●保育士や先生、療法士な
どの支援者と話し合う

道具の書き込みシート

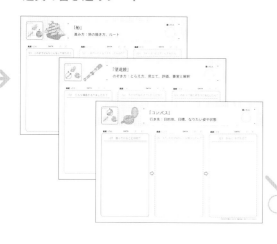

抽出

発達の地図（完成）

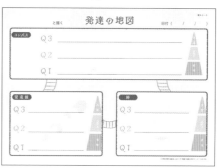

景色の書き込みシート

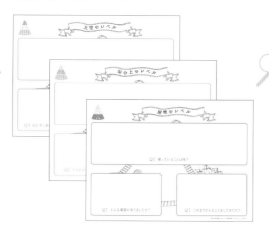

抽出

このページのQカード、書き込みシートは、巻末付録をコピーまたは切り取ってご使用ください。ホームページからもダウンロードできます。

4
書き込みシートを使う

- ネタ出しした内容を書き込みシートに書き込む
- メモがわりにどんどん書き込んでいく

5
発達の地図（完成）に書き込む

- 書き込みシートの中から大事だと思われるセンテンスを選ぶ
- 発達の地図（完成）に書き込む

6
地図を描くときの進めかた

❶ 一気に描いてもOK

❷ 時間や日数をかけてじっくり書いてもOK

❸ 描かずに冷蔵庫に貼るなどして、習慣的にながめるだけでもOK

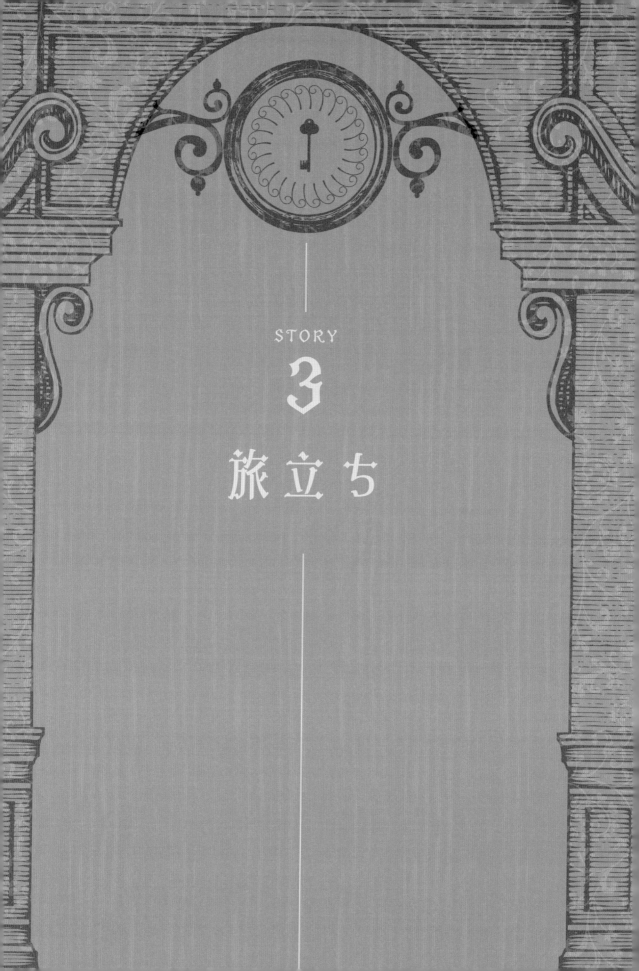

STORY

3

旅立ち

1 7つのエピソード

CHAPTER

〜 でこぼこママたちが描いた『発達の地図』集 〜

ここに登場する 7 組の親子は、みんなタイプがバラバラ。

でもすべてに共通していたのは

ママたちはすごく困って沼地にはまっていたことと、

発達の地図に出会ったこと。

ママたちに何が起こったのでしょうか？

エピソード **1** インド人になったママ

Before

STORY
3

旅立ち

　元気な男の子が生まれて、会社を経営している主人と一緒に跡取りができたと喜んでいたのも束の間、なんだかうちの子様子が変だな、と思い始めました。

　話しかけてもまったく反応しないし、あやしてみつめても笑いません。身体は元気で、寝返りやハイハイなどは他の子以上に順調でしたが、私のことを見向きもせず、ずっと機関車トーマスのおもちゃを並べて遊んでいました。

　「もしかしたら、この子は自閉症で私がママであることさえわかっていないのかしら」と気持ちが真っ暗になり、毎晩「どうして私を見てくれないの、私の育て方がいけなかったのかしら」「もう、子育てには自信がない」と落ち込む日々が続いていました。こどもはたくさんほしいと夫婦で話していましたが、そんなことも考えられなくなってしまいました。

発達の地図を手にしたら？

↓

どんな地図に？

発達の地図

記入シート

と描く

日付 (/ /)

コンパス

Q3 笑いが絶えない家族になる _____ 大空

Q2 トーマスを通して一緒に遊べる _____ 山の上

Q1 目が合って気持ちが通じる _____ 沼地

望遠鏡

Q3 トーマスの天使 _____ 大空

Q2 トーマスを介してなら楽しくやりとりできる _____ 山の上

Q1 私をまったく見てくれない自閉症かしら _____ 沼地

船

Q3 息子を通して夫婦が成長していく物語 _____ 大空

Q2 私自身がトーマスになる _____ 山の上

Q1 声をかける後ろから見守る _____ 沼地

(C) 特定非営利活動法人はびりす『発達の地図』2022 クリエイツかもがわ

インド人ママが地図の質問に答えたら？

● トーマスならじっと見ることができるんだ！（🖊Q2）

● こんなに笑い合える家族っていいな（🧭Q3）

● 私がトーマスになってどんどん遊んでみよう（🚢Q2）

↓

　「息子の見ている世界を一緒に見てみよう」と思い立ち、私もトーマスを並べてながめてみたり、トーマスのシールを貼ったりして遊びました。すると息子がそのシールをじっと見つめるので、インドの人のビンディみたいに私の眉間にトーマスのシールを貼ってみました。すると、息子が私の顔を見たんです！　そして私が笑うと息子もゲラゲラ笑い、すっかりうれしくなりました。息子と通じ合う方法はたくさんあるんじゃないかと考えるようになり、私のメモ帳には試してみたいアイデアがいっぱいです。

　「また、障がいがあったらどうしよう」と思ったりして次の子を授かることに躊躇していた私ですが、もう一人こどもを授かりたいという気持ちも芽生え、夫と一緒にこれからの人生を家族で前向きに歩いていきたいという気持ちになりました。

　今では息子が私のもとを選んで生まれてきてくれたことにとても感謝しています。

STORY
3

旅立ち

ココが ポイント　地図を手にした『インド人ママ』さん

地図が問いかける質問に答えていくうちに
感情を解放することができるようになったんですね。
息子さんと笑って過ごせるようになると、心の空き容量も増えて、いつも隣
で寄り添ってくれている旦那さんの存在にも気づいたんですね。
もともと前向きで、ポジティブ思考だったころの
自分をとりもどしたママさん。
沼地を抜け出し、家族の物語をスタートさせています。

エピソード ② ガミガミママのエリート教育

Before

　うちの子はウルトラ多動。まったく私の言うことなんてききません。今日も保育園で問題を起こし先生に注意されて帰ってきました。私は仕事でも責任のある役職につき、家に帰ればバリバリ家事をこなすママです。なんとか私の手で息子の性格を矯正して、世間に出しても恥ずかしくない大人に育てなければと焦って、ガミガミしかりつけていました。

　「ちゃんとすわりなさい」「いただきますは？」「保育園では先生の言うことを聞きなさい」と、どんなに言っても聞いてくれず多動性は増すばかり。朝からガミガミと大声を出し続けているので、声がかれハスキーボイスになってしまいました。

発達の地図を手にしたら？

どんな
地図に？

記入シート

発達の地図

と描く　　　　　　　　　　　　　　　　　　　　　　　　　日付（　　／　　／　　）

コンパス

Q3　仕事のできるリーダー的な存在になれる

Q2　彼のよさが周りに理解されるといいな

Q1　すこしは落ち着いてほしい

望遠鏡

Q3　お世話好きな野生児
　　（止めるな危険）

Q2　年下にはやさしく
　　お世話好き

Q1　すぐキレる、
　　我慢ができない子

船

Q3　たくさん怒られながらも、
　　多動力を活かしてやり手の
　　ビジネスマンへ成長していく物語

Q2　お手伝いやご奉仕の号令を
　　たくさん出す

Q1　ガミガミと大声でしつけてきた

STORY
3

旅立ち

ガミガミママが地図の質問に答えたら？

- お世話好きでとってもやさしい！（✏Q2）
- バリバリ仕事のできるカッコいい男になるかも（👁Q3）
- これまで以上にどんどん号令かけていこう！（⛵Q2）

うちの子のエネルギーってほんとすごくて、将来、立派な起業家になるんじゃないかと思うんですよね。「新聞を取ってきて！」「ママを手伝って！」「いっぱい動いて保育園の先生やお友達を助けてあげてね」って、ゲキをとばすんです。

息子の反応はすごくよくて、ハイッ!!とキラキラと動きます。この多動は資産を生むのでもっと息子のエネルギーが増強するように今日もガミガミいいますよ。「あなた座ってる場合じゃないでしょ！」ってね。

保育園でもガミガミママとキビキビくんでキャラを確立しています。ガミガミしているけど結果が出ているし、なんだか自分の子育てを誇りに思えるようになりました。息子の未来は明るいです。

ココが ポイント　地図を手にした『ガミガミママ』さん

相変わらず元気にガミガミ言ってますね！

でも以前のように「ここをなおさなくちゃ」という矯正ではありませんね。

むしろエリートを養成する英才教育です。

多動に生まれてきたわが子が、自分のDNAとして愛しい存在に感じられる

ようになったんですね。息子さんもすっかりママをボスと認めているみたい。

おや、なんだかガミガミ声も

オペラ歌手の歌みたいに聞こえてきたぞ！

エピソード 3　ほおが赤くなるママ

娘は繊細な性格で、ちょっとしたことに傷つき、またそれを引きずります。保育園でがんばっているためか、家に帰ってきてひどいワガママを言います。パパは「ママが甘やかしてるからワガママになるんだ」「きちんとしつけないと」と娘を強くしかるようになりました。私は、それを聞いているとなんだか自分がしかられているように感じてビクビクしてしまいます。

私はもともと不安が強い性格です。どなり声や険悪な雰囲気はとても苦手です。なんどかメンタルが原因で体調を崩したこともありました。

パパにもまったくわかってもらえないように思えて、このまま結婚生活を続けていく自信がなくなりました。

発達の地図を手にしたら？

↓

どんな
地図に？

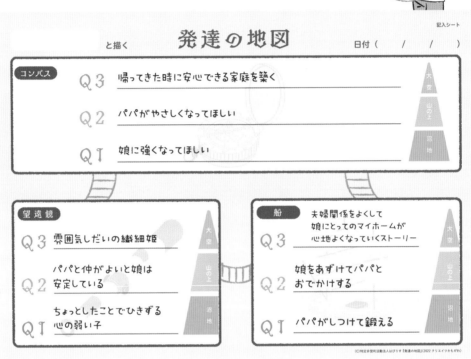

記入シート

と描く

発達の地図

日付（　/　/　）

コンパス

Q3 帰ってきた時に安心できる家庭を築く

Q2 パパがやさしくなってほしい

Q1 娘に強くなってほしい

大空
山の上
沼地

望遠鏡

Q3 雰囲気しだいの繊細姫

Q2 パパと仲がよいと娘は安定している

Q1 ちょっとしたことでひきずる心の弱い子

大空
山の上
沼地

船

Q3 夫婦関係をよくして娘にとってのマイホームが心地よくなっていくストーリー

Q2 娘をあずけてパパとおでかけする

Q1 パパがしつけて鍛える

大空
山の上
沼地

(C)特定非営利活動法人ぱりす『発達の地図』(2022 クリエイツかもがわ)

ほおが赤くなるママが地図の質問に答えたら？

- ● ママはやさしいパパが大好き（🔭Q2）
- ● 雰囲気よく安心できる家庭をつくりたい（🔭Q3）
- ● ママがパパと仲良くしていると娘はうれしそう♡（🖊Q2）

↓

いってらっしゃい

カワイイな

いってきまーす

　最近パパにさそわれて週末でかけるようになりました。「週末どんな映画を観ようか、どこでランチをしようか」とパパと相談して決めます。平日はどんな服を着ていこうかなと考えながら楽しみに過ごします。

　でかけるときは、娘はおじいちゃんとおばあちゃんにお願いしているのですが、やさしくされて居心地がよさそうでなんだか落ち着き、パパとの距離感もほどよくなったようです。私が楽しそうにしているせいか、娘もなんだかうれしそう。家の中が安定してきたように感じます。パパも最近早く帰ってきてくれるようになり、家のことをよくやってくれるようになったんです。

　最近「私、ひとりぼっちだな」とか「パパはわかってくれない」とか思うことがなくなりました。娘もまだまだいろいろワガママを言うけれど、パパと一緒に、娘にとって雰囲気がよくて安心できる家にしていきたいと思うようになりました。

> **ココが ポイント** 地図を手にした『ほおが赤くなるママ』さん
>
> 「誰もわかってくれない」「ひとりぼっちの気がする」
> という沼地にはまっていた情緒豊かなママ。
> 超繊細な娘さんと熱心なパパとの間で、オロオロして疲れきってしまったんですね。パパは、冷蔵庫の地図をながめているうちに
> ママが「パパと一緒に子育てをしていきたい」と願っていることに気づいたようです。おやおや、あまり見せつけないでください。
> こっちの顔まで赤くなってしまいます！

STORY 3

旅立ち

エピソード④ 息子と壁画を描くママ

Before

　うちの子は小さい頃はとっても優等生だったのに、小学校に入ったら勉強に苦労し始めたのです。音読は一文字一文字、指をついてすごく時間がかかります。ひらがなを書き写すのは大変で、漢字は何度書いても覚えられません。学校の先生からは「勉強が遅れているから、ご家庭で宿題を丁寧にみてあげてくださいね」って言われてしまいました。

　毎日息子と一緒に宿題に取り組みますが、１時間も２時間もかかってしまいます。もしかして、うちの子はなにか障がいがあるのかと思い、読み書きの検査ができる病院へ電話したものの予約は半年後しか取れませんでした。そのあいだにもすごく勉強が遅れてしまいそうで焦ってしまいました。息子も最近、学校へ行くのをしぶっています。

発達の地図を手にしたら？

↓

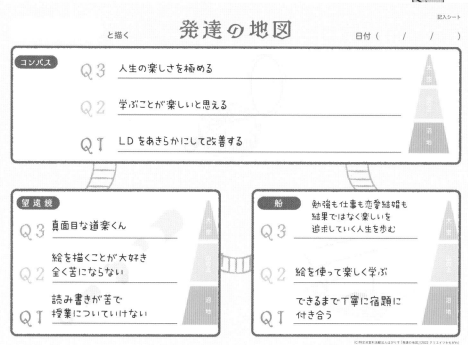

発達の地図　　記入シート

と描く　　　　　　　　　　　　　　　　　　　日付（　／　／　）

コンパス
Q3　人生の楽しさを極める
Q2　学ぶことが楽しいと思える
Q1　LD をあきらかにして改善する

望遠鏡
Q3　真面目な道楽くん
Q2　絵を描くことが大好き　全く苦にならない
Q1　読み書きが苦で　授業についていけない

船
Q3　勉強も仕事も恋愛結婚も　結果ではなく楽しいを　追求していく人生を歩む
Q2　絵を使って楽しく学ぶ
Q1　できるまで丁寧に宿題に　付き合う

(C)特定非営利活動法人はびりす『発達の地図』(2022 クリエイツかもがわ)

STORY 3　旅立ち

壁画を描くママが地図の質問に答えたら？

● あの子、絵を描くことが大好きだったな（Q2）
● 字を書くだけが勉強じゃないよね（Q2）
● 私も一緒に落書きしちゃおう！（Q2）

↓

After

　開き直って、宿題よりもペンで描いている感覚を楽しんだり、絵でも文字でもなんでもいいから書けるものをたくさん書いて、一緒に楽しもうという気持ちになったんです。息子の部屋は大きなホワイトボードが貼られ、いつも一緒に落書きを楽しんでいます。

　息子は最近象形文字にはまり、たくさん覚えました。お風呂の中でも使える絵の具を買ってきて壁画を描きまくり、身体にもいっぱい象形文字を書いて、湯船に飛び込んでは色水（湯）で汚して、遊んでいます。

　実は、このごろあまり宿題をやっていないんです。宿題に時間をかけるのがもったいなくて。いまでは「結果よりも、楽しさを追求し楽しいを極める」ということがわが家の家訓となり、毎日どんな勉強をしたら面白いかを考えています。

　不思議なことに、学校へ行く朝の顔が明るくなったんですよ。

ココが ポイント　地図を手にした『壁画を描くママ』さん

とっても真面目にコツコツと息子さんと努力をかさねてきたママ。
書くことに時間と労力を使いすぎて、
絵を描く楽しさや学ぶプロセスをたどる魅力を忘れてしまっていたようです。
息子さんがLD傾向だからこそ、わかる喜びも何倍にも強く感じますよね。
毎日学ぶ楽しさにあふれていて、
学校へ行く意味も見出せるようになった息子さん。
宿題なんて、やってる時間はないですよね！
あっ、これは先生にはナイショです。

エピソード⑤　車いすっことプロレスママ

Before

　娘はことばでは話せず、自分で移動できない車いすっこです。調子がわるくなると、床に頭を打ちつけたり、手で胸を強くたたいたり、座っていても反り返って後頭部を打ちつけようとします。そのため、普段は頭にはヘッドギアを付け、車いすのベルトがはずれないように固定して過ごしています。安全のためとはいえ、年頃の娘にヘッドギアをしたり、車いすにしばりつけているのがとても痛々しく思えてつらいです。

　コロナで学校が休校になると家で過ごすことが多くなり、自傷が増えてしまいました。弟はまだ赤ちゃんなのですが、ぶつかってけがしないかハラハラしています。弟の子育ても重なって育児ノイローゼになりそうです。

STORY
3

旅立ち

発達の地図を手にしたら？

どんな地図に？

発達の地図
記入シート

と描く　　　　日付 (　/　/　)

コンパス

Q3　人との関わりがいいなと思える　　　　　　　　　　　大空

Q2　好きな刺激をお腹いっぱい楽しむ　　　　　　　　　山の上

Q1　自傷行為を減らしたい　　　　　　　　　　　　　　沼地

望遠鏡

Q3　車いすのプロレスラー　　　　　大空

Q2　活動の時間が大好き
　　強い刺激を喜ぶ　　　　　　　　山の上

Q1　調子がわるくなると頭を
　　床に打ちつける　　　　　　　　沼地

船

Q3　娘の中の世界で
　　仲間関係が広がっていく　　　　大空

Q2　ヘッドロックしたり
　　チョップをして戯れる　　　　　山の上

Q1　ヘッドギアをつけて
　　車いすに固定する　　　　　　　沼地

(C)特定非営利活動法人はびりす『発達の地図』2022 クリエイツかもがわ

プロレスママが地図の質問に答えたら？

● 活発で強い刺激が楽しいんだな（✏Q2）

● ゴンゴンは、あの子が私と遊びたいサインかも（✏Q2）

● どんどんプロレスして、あの子と遊ぼう！（⛵Q2）

After

　娘が床に頭をゴンゴンしはじめると、「あ、プロレスごっこだな！」と思うんです。床屋さんのマッサージのように背中を高速でチョップしたり、ヘッドロックしたりすると娘はキャッキャと声をあげて笑います。このごろは娘が音をたてはじめると私には、親子ふれあいのチャンスがやってきたように思えるようになりました。そして、なぜだか娘は車いすからソファへの移乗やはいはいなどいろいろなことができるようになりました。

　アイコンタクトも増え、関わる人をよく認識している姿が見られるようになりました。成長したなあと思います。いままでずっと自分の娘を問題児扱いしているみたいで、とてもつらかった気持ちが軽くなりました。障がいが重かったので、支援学校に育ててもらっている気がしていましたが、今は私があの子の母親だという実感をもてるようになりました。

ココがポイント　地図を手にした『プロレスママ』さん

娘さんが床に頭をゴンゴンする音は、
まるで「あそぼー」とか「ちょっとリラックスしたいな」とか
「すこし暇になってきたんですけど」というママへのサインみたい。
地図を手にしてからは、「自傷」ということばは「ママへの合図」へと変わり
そのサインでプロレスごっこがはじまります。
ことばは使わないけれど、ママと通じ合った瞬間、
才能の蓋がパカッと開いて、
いろんなことができるようになるんですね。
ママはその変化の瞬間をばっちりキャッチしています。

STORY 3　旅立ち

　息子は聴覚過敏です。その程度はかなり激しくて、ずっと音に悩まされ続けてきました。授業中の周囲のひそひそ話や咳払いがすべて耳に強く飛び込んでくるのです。友達にからかわれ、強くないのに立ち向かっていじめられてしまいました。学校も休みがちになってしまいましたが、まじめなので保健室へ登校していました。

　中学3年生になった息子は、学力はあるものの、このままでは単位不足が懸念され、担任の先生からは、なるべく出席するようにとしばしば連絡がくるようになり、このままでは、学校に行きたいという想いに反して、息子は、不登校から本格的な引きこもりになってしまうのではないかと不安になっていました。

発達の地図を手にしたら？

↓

どんな地図に？

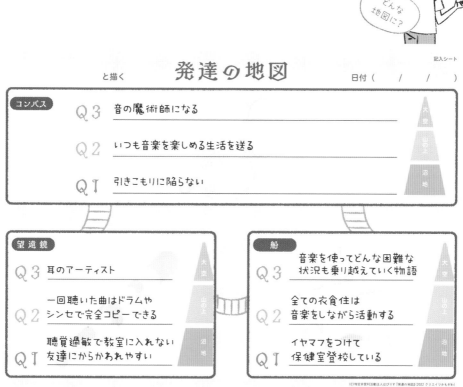

記入シート

と描く　　　　発達の地図　　　　日付（　/　/　）

コンパス

Q3　音の魔術師になる

Q2　いつも音楽を楽しめる生活を送る

Q1　引きこもりに陥らない

望遠鏡

Q3　耳のアーティスト

Q2　一回聴いた曲はドラムや
　　シンセで完全コピーできる

Q1　聴覚過敏で教室に入れない
　　友達にからかわれやすい

船

Q3　音楽を使ってどんな困難な
　　状況も乗り越えていく物語

Q2　全ての衣食住は
　　音楽をしながら活動する

Q1　イヤマフをつけて
　　保健室登校している

（C）特定非営利活動法人はぴりす「発達の地図」（2022 クリエイツかもがわ）

STORY
3

旅立ち

名プロデューサーのママが地図の質問に答えたら？

● あの子の耳は芸術家レベル（　Q2）

● 音を操るすごいアーティストになるかも（　Q3）

● 音楽を通してイケイケな高校生活を目指そう！（　Q2）

↓

After

最近とても明るい表情で学校へ行けるようになってきたのです。「どうしたの？」と聞くと「学校では、イヤな音が聞こえてくると頭の中でドラムをたたくんだ。シンセサイザーで曲を作って音を消すんだよ。そうするとイヤな感情が消えていくんだ」と言います。

聴覚過敏というか、耳がよくて芸術家ってことですね。中古のドラムセットや、シンセサイザーを買い与えると、大喜びして毎日好きな音楽の演奏を楽しんでいます。ドラムはどんな曲でも一回聴けば、完全にコピーができるんですよ！　出席日数も取り戻すことができ、希望していた高校へ合格できたんです。

 地図を手にした『名プロデューサーのママ』さん

頭の中で音楽をつくってやり過ごすなんて、

なんてオシャレな方法なんだろう！

息子さんの聴覚の感度の良さは

正常とか異常とかいった良いわるいで見たらもったいないですよね！

良いもわるいも表裏一体、その特徴をどう活かすかが気持ちを左右します。

これからも音楽三昧の明るい生活をプロデュースしていってくださいね。

将来は魔法使いのようなDJと

そのバックステージママが誕生したりして。

エピソード 7 　燃え上がるママ

Before

「この子はあと何年生きていけるのだろう」

　あと１年で高校を卒業するという時期になって、すっかり悲観的になっていました。身長が伸びて、背骨の曲がりがより大きくなってきました。骨の手術がそろそろ必要かもしれないけど、耐えられるのだろうか。手術しなければ、骨が内臓や肺を圧迫してつぶしてしまいそう。てんかん発作も増えてきた……毎日が不安だらけです。

　今は学校の授業の中で、運動の時間やマッサージの時間、ふれあいの時間など先生たちとのいろんな活動があって手厚くされていますが、施設に入所して、寝かされっきりですごす。現実が待っているように思え、未来に対して、まったく明るい気持ちがもてません。

発達の地図を手にしたら？

どんな地図に？

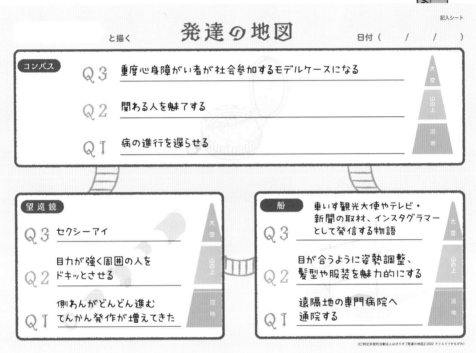

記入シート

発達の地図

と描く　　　　　　　　　　　　　　　　　　　　日付（　/　/　）

コンパス

Q3　重度心身障がい者が社会参加するモデルケースになる

Q2　関わる人を魅了する

Q1　病の進行を遅らせる

大空／山の上／沼地

望遠鏡

Q3　セクシーアイ

Q2　目力が強く周囲の人をドキッとさせる

Q1　側あんがどんどん進むてんかん発作が増えてきた

大空／山の上／沼地

船

Q3　車いす観光大使やテレビ・新聞の取材、インスタグラマーとして発信する物語

Q2　目が合うように姿勢調整、髪型や服装を魅力的にする

Q1　遠隔地の専門病院へ通院する

大空／山の上／沼地

(C)特定非営利活動法人はぐりす『発達の地図』2022 クリエイツかもがわ

燃え上がるママが地図の質問に答えたら？

- 目力が超セクシー♡ (Q2)
- みんなが悩みを打ち明けていく存在になっている (Q2)
- 「視線ください！」に応えるポジショニングやオシャレをしなくちゃ！(Q2)

自力では何もできない娘ではありますが、目がとても魅力的だと評判になりました。アイコンタクトがとれることだけを考えて、車いすの姿勢やだっこの仕方などを工夫して、目が合う姿勢が長くとれるように日常の環境を整えてみたところ、観光協会から車いす観光大使やバリアフリーマップの作成のお仕事が舞い込んだのです。

さらに学校では、多くの先生たちが「どうやったら彼氏とうまくやれるか」「結婚相手は見つかるのか」といった相談を娘にもちかけるようになり、秘密厳守の恋愛カウンセラーとして活躍していると聞きました。忙しい毎日を送るうちに娘の命はいつまでもつのかといった不安は消え、この命をとことん燃やしてみようというマインドに変わりました。

 地図を手にした『燃え上がるママ』さん

彼女のセクシーアイにみんなクラクラですね！

骨の曲がりやてんかんの発作など、

医療的な深刻さは何も変わっていないけれど

医療的なケアを受けることが生きていることの中心ではなくなり

恋愛相談から観光大使まで大忙し。

重度の障がいをもつ人が社会参加をする

モデルケースとなっていくでしょう。

2 ７つの魔法
～３つの道具に隠された理論背景～

CHAPTER

> コンパスに
> 隠された魔法　No.1 ● **イシュー度**

何から解放されるのか？ → 時間の浪費

---

1 原因思考・結果思考・未来思考

景色を変えるマップ

●原因思考とは、

「景色を変えるマップ」沼地のレベル ＝ 原因思考

どうしたら「問題」を減らすことができるのか？という、問題を起こしている原因を考えて、その原因を取り除くように努力するというスタイルです。

歯を食いしばって「良くなるまで」努力を重ねていくアプローチとなりますので、結果が出ないと幸せな道のりと感じられません。

●結果思考とは、

「景色を変えるマップ」山の上のレベル ＝ 結果思考

どうしたら結果が手に入るのか？と考えます。

たとえ問題を抱えていたとしても、ほしい結果を先に手に入れるにはどうしたらいいのかと考える方法です。

●未来思考とは、

「景色を変えるマップ」大空のレベル ＝ 未来思考

原因を減らした結果、もしくはほしい結果を手に入れた結果、どんな人生を歩みたいのか？と考える方法です。

子育ての価値観や人生観はさまざまです。「ひと様にだけは迷惑をかけてはいけない」という人生観もあれば、「人には迷惑をかけまくるものだから、他人に対して寛容になりなさい」という人生観もあります。

「問題を解決した結果、お子さんに将来どうなってほしいのか」

「ほしい結果を手に入れた結果、お子さんにどんな大人になってもらいたいのか、またどんな家族になっていきたいのか」

未来の行き先を描き、また描き直していくうちに、今どうあるべきかが鮮明に見えてきます。

2 景色を変える結果思考

　例えば、麻痺があってうまく歩けない青年がいたとしましょう。

　街ですてきな女の子をナンパしたいと思ったら、歩行訓練に明け暮れるのではなく、電動車いすという道具を使うといった発想です。より楽にショートカットができて、ほしい結果を先に手に入れるスタイルなので、楽しみながら目的地に向かうことができます。

　多くの人は、何らかの病気や生きづらさなど、問題を解決してから楽しいことなどのほしい結果を手に入れようとします。日本人は生真面目なので、せこいとかずるいとか感じるかもしれません。しかし、まず先に好きなことややりたいことを実現したほうが、問題が解決するスピードも加速するというのが人間というものです。

3 行き先が変わると幸福感が変わる

　私はこれまで10年以上乳幼児健診に携わり、１歳半、３歳健診で保健センターにおじゃましたり、子育て支援センターで子育て相談を受けたりして、たくさんのお母さんと赤ちゃんに出会いました。

　赤ちゃんの発達は実に個性的です。発達が早かったのに後で伸び悩むこどももいれば、運動もことばも全体に遅れているのに、大器晩成して周囲を抜いていくこどももいます。

　赤ちゃんの発達はとても曖昧で、専門家でさえも診断や予後の予測は外すものなのです。ママたちは、健診でこどもの発達状況をチェックされ、チェックをクリアするとホッとします。もしも発達の遅れを指摘されると、ママたちはまるで戦力外通告を受けたかのように落ち込んでしまいます。

保健師A

作業療法士B

親子リトミックにまったく入れなかったですね。落ち着きの面も気になります。発達専門のクリニックで一度相談してみませんか？（療育につなぎたい）

元気なお子さん！ 今は小さいからはちゃめちゃに見えますが、エネルギッシュで目的意識が高い！ 苦手そうな「みんなと一緒に」を磨けば鬼に金棒。

ママ

もう少し様子をみます。
一度、主人とも相談してみます。
（戦力外通告のような気分）

元気すぎる
こども

そんなふうに言われたのは初めてです（涙）。どういう方法で伸ばすことができますか？

ママ

行き先❶〈原因思考〉
発達の遅れを取り戻すには？

行き先❷〈結果思考〉
親子の等身大の成長とは？

- 言われたから医療に来ました
- Dr.に診断をつけてもらいました
- こどもの障がいを受け入れないと
- みんなに迷惑をかけたくない
- がんばらないと
- なんだかとっても無力だな

- 将来このキャラをどう活かす？
- 診断は療育に通うための手段
- 強みを伸ばす英才教育、弱みはゆっくりと育む
- 得意なことは誇らしげに育てる
- 苦手なことはほんの少しの成長で超うれしい
- お友達のみんなとも協力して

STORY
3

旅立ち

　保健師も作業療法士も「この子には療育が必要だな」と思ったのです。

　こどもの発達をチェックし、家庭的な背景や生活の状況をみながら今、支援につなげるとよいと判断して、医療や療育につなげようと促したのは同じでした。ところが、お母さんの行動には違いが生まれました。なぜでしょう。

　それは、思考方法が違うからです。

原因思考：こどもが正常に発達するという行き先
　　　　＝「発達の遅れを取り戻すには？」

結果思考：親子が等身大に発達するという行き先
　　　　＝「どうしたら親子が等身大の成長を誇らしく思うのか？」

こどもが療育を受けるという同じルートを歩いていても

原因思考で歩く ＝「発達の遅れを取り戻すことをがんばり続ける人生」

結果思考で歩く ＝「いろいろあるけれど、親子の等身大の成長を味わう人生」

といった違いが生まれます。

4 行きたい島

　一人の人が人生の中でたどり着ける場所は多くありません。あれもなおしたいこれもなおしたい、「あれもこれも気になるから、とりあえず進んでしまえ」と子育てしているうちに、こどもはあっという間に大人になり、ママはあっという間に年を重ねてしまいます。多くのママたちは、こどもと一緒に「こうあるべき島」へ向かおうとして、座礁をくりかえしたり、難破したりして、本当に行きたい島にはたどり着かないまま、人生を終えてしまうことが多いかもしれません。

　本人にとってのかなえたい目標の魅力の度合いをイシュー度といいます。

「お子さんとかなえたい目標や人生はなんですか？」

　このような質問をすると、多くのママたち（日本人）は、質問に答えられなくてフリーズしてしまいます。しかし、原因思考→結果思考→未来思考と質問を駆け上がると、一気にイシュー度が上がっていきます。

　発達の地図は繰り返し描き直していくものなので、描き直した数だけイシュー度が上がっていきます。

何から解放されるのか？ → 人生のからくり

1 発達課題は止まらない

　人生は生まれてから命閉じるまで、苦難の連続です。

　エリクソンという心理学者は、発達とはこどもだけのものではなく、苦難を乗り越え続けることで一生を通じて成長し続けていくと唱えました。

　それぞれの年齢でやってくる苦難には特徴があり、苦難の山をひとつ乗り越えると進化して、失敗すると発達が停滞すると考えました。

　子育てはこどもの発達に注目されがちですが、こどもだけではなく親にとっても子育てをとおして自分（大人）の発達課題にぶつかり、成長が試されます。子育ての最中も、子育てが終わってからも、人生は登っても登っても次の山が永遠にやってきます。障がいの有無や社会的な地位などにかかわらず、どのような境遇にあっても私たちは永遠に試され続けます。

　オリンピック選手がメダリストになったらうつになってしまった話も耳にしますが、頂上に登った瞬間ばかりを追い求めていたら途中で気持ちが折れてしまうことでしょう。生きている間、山ばかりがやってくるのであれば、登るプロセスそのものを味わう力を身につけたほうが健康的です。

　発達の地図は、道中をいかに楽しむかということに焦点を当ててくれる道具でもあります。

STORY
3

旅立ち

105

	乗り越えられなかった		山頂	乗り越えられた
老年期（65歳〜）	人生に絶望する	知恵		次世代を見守る
壮年期（40〜65歳）	何も役割がない	育成		こどもや後輩を育てる
成人初期（18〜40歳）	社会に不要だ	愛		社会の一員だ
青年期（12〜18歳）	自分は何者？	誠実		私は私らしい！
学童期（6〜12歳）	ぼくがやることはダメダメだ	自信		最後までやるぞ！
幼児期（4〜6歳）	ぼくはできない	目的		自分でやるぞ！
幼児初期（2〜4歳）	これやっちゃダメなの	やる気		いろいろやりたい！
乳児期（0〜2歳）	ぼくは必要ない	希望		いつも愛してくれている

結婚、恋愛、育児

就職

就学

保育園生活

はいはい、ヨチヨチ、ことば

人生は越えても越えても山ばっかり
開き直って楽しもうよ！

発達課題は続くよどこまでも

2 大人のエピソードを一つ紹介

　精神的なお悩みと共に生きる50代の男性が、就労支援施設の職員と一緒に作業療法相談にやってきました。

　担当職員「もう10年以上も前の話ですが、以前一緒に働いていた職場の同僚に恨みをもっていて、毎日毎日どうやって復讐に行くかの話ばかりしています。自立の道も見えないし、どう支援していいかわからないのです」

　その男性と、発達の地図を広げて面談しました。

たけしさん：どうやったら復讐できるか教えてください。
（仮名）
　　　　　○○してしまいたい。 行き先

山　　　口：なるほど、どうして復讐したいんですか？ のぞき方

たけしさん：お金を貸したのに返さなかった、使いパシリにされた。

　　　　　会社に訴えたら、おれが辞めさせられた。あいつがわるいから復讐したいと警察に訴えたら、自分が留置所に入れられた。あいつのせいで人生がだいなしだ。 のぞき方

山　　　口：それは耐えられないですね。復讐したんですか？ 進み方

たけしさん：していない。 進み方

山　　　口：もし、彼がこの世からいなくなったとしたら、どうしたいですか？

たけしさん：働いて、こどもに仕送りがしたい。　(行き先：山の上レベル)

山　　　口：なぜ、仕送りがしたいの？　お金が必要なんですか？

たけしさん：息子が高校を卒業するし、母の介護も始まる、お金が足りなくなるから。

山　　　口：なるほど、復讐をしなかったのは、父としての責任を果たしてきたからなのですね。素晴らしいお父さんですね！　(行き先：大空レベル)

たけしさん：………… 涙。

山　　　口：（担当職員へ）ぜひこれは息子さんに伝えましょう、

父ちゃん偉いよって。　(進み方)

そして、警察署の方にも話だけは聞いてもらいましょう。

うまく表現ができないからって留置場に入れられるのはつらかった、

って警察署に話してください。僕からも連絡しておきます。

たけしさん：僕は、もう一度働きます。

　そう言ってたけしさんは地図を持って帰りました。

　その後仕送りを続けた息子さんが専門学校を無事に卒業したと報告してくれました。

3 こどもと大人の発達勝負

　世の中の多くの育児メソッドや療育的な方法論には、こどもたちの成長を効果的に引き出す上で、圧倒的に足りない視点が一つあります。みんなが見落としているブラインドスポットと呼んでもいいかもしれません。もしかしたら、その一点に集中したほうが、ありとあらゆるお悩みが解決してしまうかもしれません。

　それが何かと言うと、「こどもを成長させるかではなく、大人の成長をどう魅せつけるのか」ということです。こどもの脳はミラーニューロン（脳の中にある鏡）が優位なため、教えられるよりも、実際に魅せられたほうが理解しやすいのです。志村けんの爆笑コントを見たこどもが、すぐに真似しようと必死になるのはそういった理由です。こどもたちはモデリングの天才、大人が面白くおかしく成長していく姿に、こどもたちは釘付けです。

　お母さんが派手に失敗して大笑いしたら、こどもはもっと派手に失敗して大笑いします。お母さんが最高に美味しい晩御飯をつくるぞと燃えていたら、その横でこどもは最高に美味しく食べてやるぞと燃え上がります。「こどもよりこどもらしくなってやる！」この一点でわが子に勝負を挑むことが、実はこどもたちを一番伸ばすコツなのかもしれません。

もっと楽しく

もっともっと
〇〇〇

VS

"どっちが楽しいかバトル"

望遠鏡に隠された魔法　No.3 ● とらえ方は自由

何から解放されるのか？ → 医学的診断

1 愛情ベースののぞき方

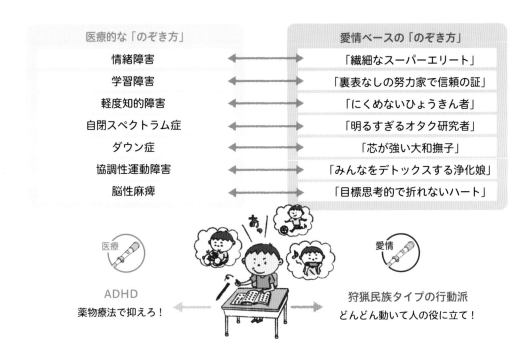

医療的な「のぞき方」		愛情ベースの「のぞき方」
情緒障害	←→	「繊細なスーパーエリート」
学習障害	←→	「裏表なしの努力家で信頼の証」
軽度知的障害	←→	「にくめないひょうきん者」
自閉スペクトラム症	←→	「明るすぎるオタク研究者」
ダウン症	←→	「芯が強い大和撫子」
協調性運動障害	←→	「みんなをデトックスする浄化娘」
脳性麻痺	←→	「目標思考的で折れないハート」

医療
ADHD
薬物療法で抑えろ！

愛情
狩猟民族タイプの行動派
どんどん動いて人の役に立て！

　使う望遠鏡によって、イメージされるこどもの姿がまったく違ってきますよね。

　どちらが正しいとか、どちらが優れているとかいった話ではありません。望遠鏡は道具です。道具は用途によって使い分けるべきです。

　医療的な見方では、脳性麻痺のお子さんを「折れないハート」と表現しても、医療的な処置は何も浮かんできません。また、学校の中で脳性麻痺のお子さんを「筋肉の緊張が強いタイプの脳性麻痺」と表現しても、学校でどのような生活を営んだ

らいいのかは見えてきません。

　このお子さんは「目標志向的で折れないハートの女の子だ」という愛情ベースの望遠鏡でのぞくと、運動会では大人が介助してでもみんなと同じ距離を最初から最後まで歩き抜いて、みんなで感動するシーンを演出してみようという学校生活を彩るイメージが浮かんできます。

　どうのぞくかというのは、一つの事実をどう解釈するかということです。一つの事実に対して100人いたら100とおりの解釈があります。

　何を見て、どう感じるか。すなわち事実と解釈を足したものが「とらえ方」です。

　解釈には良いもわるいもなく、とらえ方は自由です。いろんな名前をつけて楽しんでみましょう。

2 あだ名をつけると救われる

　3歳の娘の子育てに悩んでいた、あるママのお話です。

　娘さんは毎朝「ほいくえんいかない！」と行きしぶっていました。あげくのはてにはハンガーストライキ。パパともあまりうまくいっておらず拒否的でした。出勤前には、「ひとりでおるすばんするからいい！」と宣言し、テコでも動かないので、ママはほとほと困ってしまいました。そのママは作業療法士で、「うちの子は感覚過敏があるのではないか」と分析していました。

　そんなお悩みを聞き、望遠鏡のアイコンを使ってとらえ直しを試みました。

「ママが大好きすぎて一緒に遊びたいんじゃない？」

「保育園行くより、ママとたくさんデートしたいんだよね」

「3歳なのに、表現の仕方がちょーツンデレ」

　つけたあだ名は、「かわいいツンデレハンスト娘」。

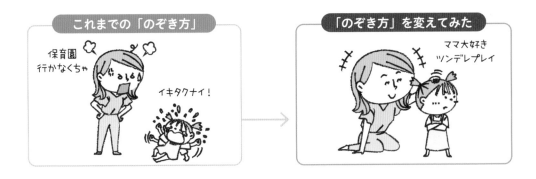

これまでの「のぞき方」
保育園行かなくちゃ
イキタクナイ！

「のぞき方」を変えてみた
ママ大好きツンデレプレイ

　それからは、ママはさとしたり怒ったりするのをやめて、「そんなにママとイチャイチャしたいのね」とベタベタするようにしました。すると行きしぶりがあっという間に減って、保育園も安定して行けるようになりました。

　ママが娘の感情表現を受けとめる時間が、忍耐から癒しの時間に変わりました。

3　あだ名をつけると物語が動き出す

　例えば、「自閉スペクトラム症」という診断がつくと、多くのママはよくわからなくなります。「自分を閉ざすって何だろう、どちらかと言うと、うちの子はだれかれかまわずベラベラと自分全開なんだけれど」「スペクトラム（連続帯）って何だろう、自閉症とは違うのか、どこから病気でどこからが病気でないのか…」というように謎が深まっていきます。「自閉スペクトラム症のこだわりには視覚支援がいい」などと言われても、生活の中で何をしたらいいのやらまったくイメージが湧いてきません。

　けれども、自閉スペクトラム症の診断がついたこどもに「明るすぎるオタク研究者」と名づけたら、鉄道のことが好きで、どんな人とマッチングして友達になって、鉄道オタク同士でどんな写真を撮りに行くかといったストーリーが無限に湧いてきます。そのストーリーを一つひとつ形にしていくことが、意図していないにもかかわらず、実は最も効果的な視覚支援だったりします。

　あだ名をつけると、親子の物語が未来に向かって動き出します。

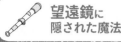
何から解放されるのか？ → 感覚統合理論

1 登場人物のはちゃめちゃが魅力的な落語

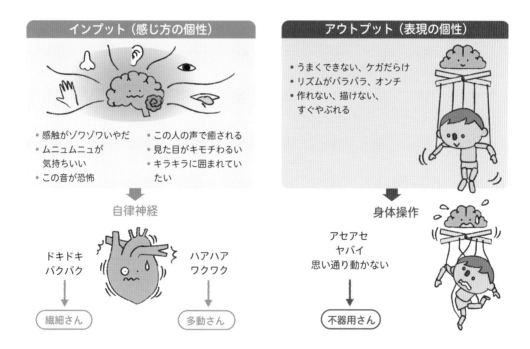

　感覚統合理論では、脳機能から感覚を入力（インプット）する障がいと運動を出力（アウトプット）する障がいという視点で見ています。

　入力の問題であれば、繊細すぎると感覚過敏やHSP（Highly Sensitive Person）粗すぎるとADHD（注意欠如・多動症）などと言われ、身体に入ってくる刺激の入力に対する心の感じ方がオーバーで、その結果情緒の波が激しくなりやすいといったような考え方になります。出力の問題であれば、手に軍手をはめたような状態で文字を書いたり、両手や両足が思い通りに動かないなどで、縄跳びやリコー

ダーなどで苦労するような脳から指令がうまくおりない結果、不器用になってしまうような状態を指します。協調性運動障がいや、学習障がいなどとも表現されます。

　古来、こうした不器用さやうまくいかなさというのは、日本ではとても愛されてきました。落語の登場人物は不器用だったり、過敏だったり、おっちょこちょいだったり、ずるかったり、頑固だったり、まともな人は誰一人出てきません。こうした人間愛あふれる落語の世界観を立川談志氏は「業の肯定」と呼びました。『北の国から』の黒板五郎や、『男はつらいよ』の寅さんのような昭和の愛されキャラは、その不器用さや粗さ、空気の読めなさが愛されてきました。彼らの味わいこそがこの社会を豊かにするという価値観をみんながもっていたわけです。

2 繊細で情緒が豊かな人たち

【情緒豊かな人たち】

突発的で衝動的な行動をとったり、不器用ではないけれども、その時の場面や気分のムラで聞き分けが良かったりわるかったりするような自分勝手で自己中な人たち。

　激しい情動の揺れやエネルギッシュすぎる活動性に、一つ屋根の下で振り回される家族はたまったものではありません。

　のぞき方を変えて、このようにとらえてみてはいかがでしょうか？

　気分次第でパフォーマンスは変わるけれど、能力はすでにもっている人たち。理屈嫌いで、情緒豊かな人情肌。喜怒哀楽の激しい芸術家と付き合っていくのは大変だけれど、「繊細で情緒が豊かな人たち」ととらえると、ともに暮らしていくイメージが湧いてきませんか？

3　どんくさくて一途

縄跳びや跳び箱がなかなか上達しない、消しゴムを使うと、紙がやぶれてしまう。ドテドテドタドタ身体は重く、自分の技をみんなの前で披露するなんて拷問のように感じてしまう。文字がうまく書けない、縄跳びが飛べないけれど、汗びっしょりになりながら、何度も練習を繰り返すわが子の姿がはがゆくてしょうがない。そんな、お悩みをもつママも多いことでしょう。大人だって、車庫入れが下手だったり、カラオケで音程を外しまくる人は少なくありません。

　しかし、どこをとっても完璧な人よりも、不器用でコツコツと努力を重ねるどんくさくて一途な人の方が人望が厚かったりします。日本人は、みんな不器用な努力家が大好きです。不器用は信頼の証です。

望遠鏡に隠された魔法	No.5	八百万の神（やおよろず）

何から解放されるのか？ → 善悪二元論

1 こどもは八百万の神

「7歳までは神のうち」ということ
ばを聞いたことがありますか？　や
さしい子もゆっくりな子も、元気す
ぎる子もどんくさい子も、みんなが
神様です。つまり八百万の神なので
す。日本の神様は実に個性豊かで、
福の神と祟り神は実は表裏一体、陰
と陽がセットで一つの味わい深い存
在となります。

　例えば、福の神として知られる七
福神ですが、恵比寿さまはできそこないの子として海に流された運命を背負い、大
黒天は破壊の神、毘沙門天は暗黒界の悪霊の主としての一面をもっていると伝えら
れます。このような悪神もこちらが大切にもてなすと、一転して至上の福がもたら
されます。七福神が人気があるのは、この陰と陽の激しい落差に日本人がギャップ
萌えしてきたからです。

　こどもたちも同様に神のうちにいるので、祟るか福をもたらすかというのは、祀
り方ひとつと考えられてきました。江戸時代の寺子屋の浮世絵を見ると、先生には
背を向けて、泣いたりふざけたりいたずらしたり、真面目に勉強したり。実にあら
ゆる個性が一つ屋根の下の学び舎で自由に生きています。見事なまでのギャップ萌

えが表現されていて、今見返してみるととても斬新です。発達の地図におけるこども
もたちの祀り方とはのぞき方にかかっています。では、もう少し具体的に説明しま
しょう。

2 感じ方の個性

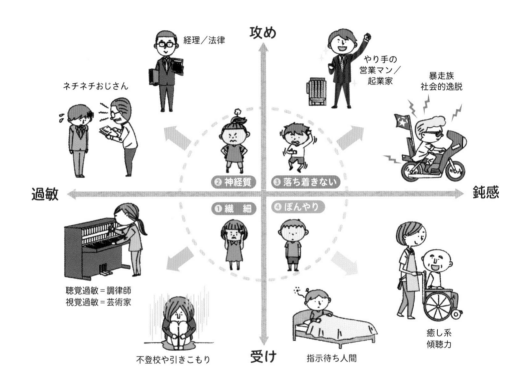

対立する２項目の２軸を、クロスマトリックスで表すと図のように個性を分類す
ることができます。

感じ方が「過敏」なのか「鈍感」なのかを横軸に、刺激に対しての反応が積極的
な「攻め」なのか消極的な「受け」なのかをたて軸にします。この４分類がきれい
に分かれる人もいれば、場面によってタイプが変わる人もいます。

過敏──攻め：神経質タイプ

他の子のあら探しをしては告げ口することが大好きです。ハイジのロッテンマイヤーさんのような厳しいネチネチさんになる人もいれば、ビシッと隙のない経理事務や法律家として活躍する人もいます。

過敏──受け：繊細タイプ

感覚被曝体質で、少し怒られただけでへこみやすく、不登校や引きこもりに多い一方、繊細な目や耳を活かして、芸術家やプログラマーなどの内向的な作業で個性を開花させる人もいます。

鈍感──攻め：落ち着きないタイプ

いつも刺激が足りず、刺激を求めて動き回り、制止されるのが大嫌いです。バイクの爆音が心地よく、殴り合うことに快感を感じ、極彩色の派手な色に癒されます。社会的に逸脱する人もいれば、起業家のように大成する人も多く、特に乱世の時代に輝きます。

鈍感──受け：ぼんやりタイプ

刺激が脳に伝わりにくく、いつもボーッとしています。他人に言われるがままで聞き分けがよく、義務教育期間中は高評価でしたが、社会に出ると「自分で考えて動けないのか」と叱責され、苦戦している人をよく見かけます。一方、福祉職場などでは重宝され、いつもやさしく傾聴力も高く、周りの人を癒やし続けています。

STORY 3

旅立ち

何から解放されるのか？ → 灰色の日常

1　遊びの発達

年　齢	0〜2歳	2〜4歳	4〜6歳
遊　び	はいはい	作る	ごっこ遊び
遊びの操作対象	自分	物	ヒト

年　齢	大人になってから			
遊　び	勉強	仕事	結婚	育児
遊びの操作対象	抽象化と複雑化　　　　　　　　　　　　　　　　→			

　赤ちゃんは、歩き始める時に何度も何度も転んで頭をぶつけ、大泣きしたかと思ったらすぐにまた立ち上がって、どこまでも目を輝かせて歩きます。なぜなら、彼らは好奇心の赴くままに歩き、失敗のない世界で遊んでいるからです。自分の身体で遊び込むと遊ぶ対象が自分の身体からおもちゃへ移行します。

　スプーンを使うのも、クレヨンを使うのも、こどもにとってはすべてがおもちゃです。やがておもちゃという道具が使えるようになると、お店屋さんごっこをしたり、かくれんぼをしたりヒトを操作して遊びます。

小学校に入ると、勉強や合唱コンクールなど、遊びがだんだん抽象化していきます。さらに仕事、恋愛、結婚、育児など遊びは高度に複雑化し発展していきます。

2 こどもの脳はSTORYに反応する

　食事場面でお母さんが「なんでニンジンを食べないの！　お野菜を食べないと病気になるわよ」と言い聞かせてもまったく興味を示さない子。

　「ニンジンさんが、誰かに食べてもらうぞと思って、土の中でグングン大きくなって、このお皿の上に立派になってやってきたら、誰も食べてくれないなんて、えーん」と言ってみたとたん、口いっぱいに頬張り始めました。

　こどもたちは神話の世界を生きています。伝承物語は何百年も形を変えずに後世に語り継がれていきます。私たちは物語が大好きです。

　それなのに現代の世の中の親子は、手から手へと直接渡し合う物語の栄養が足りなくて、現代人はSTORY欠乏症に陥っています。

　こどもたちの脳はストーリーに反応します。着替えたり、食べたり、お風呂に入ったり、親子げんかをしたり、子育てのすべてをストーリー仕立てにしてみましょう。こどもたちを外からながめるのではなく、同じ物語の中で見つめることで親子の気持ちがどんどんシンクロしていきます。

3 神話の構造

　登場人物が、何かの困難にぶつかって、仲間とともに乗り越える。困難にぶつかるほどに成長する物語。この単純な繰り返しのことを神話の構造と呼びます。

『ドラゴンボール』や『ワンピース』『スターウォーズ』から聖書に至るまで、世の中に広く伝わっていく書物や人気の連載は、すべてこの神話の構造でできています。その中でも、『ドラえもん』や『おしん』のように爆発的にヒットする作品の特徴は、主人公がいじめられていたり、貧乏だったり、不器用だったという設定が多いのです。主人公が、完璧じゃないキャラに設定されているからこそ、読み手は自分自身を主人公に投影し、共感が生まれるわけです。自分の分身である主人公が、何度も困難を乗り越えていくお話は、読み手自身の人生としてシンクロしていきます。

神話の構造
• 状況設定
• あらすじ
• テーマ

ヤマ場　進化　登場人物　成長　困難

だからこそ、船のアイコンで旅の進み方を表現するときには、ToDoやプログラムのような機械的形式よりも、でこぼこ親子の成長物語として表現したほうが、本人もその周りにいる人たちも心が動いて、どんどんその方向へと毎日が引き込まれていくのです。

こどもを産み、育て、手放していく営みも、まさにこの神話の構造で先にセットしておくと、親子はその物語通りの歩みを不思議とかなえていくのです。

船に
隠された魔法　No. 7 ● **Story Making**

何から解放されるのか？→ 未来への不安

1　アクションに落ちない知識は価値がない

　この本を読んでいるママたちは生活者です。また、この本を手にしている多くの支援者や先生は学者ではありません。どんなに素晴らしい講義で得た知識も、どんなに楽しいワークショップで得たノウハウも、日常のアクションに落ちなければ何の価値もありません。

　逆にどんなにつまらない講義も研修も、そこから一つの行動が見つかったら、それは私たちの人生を変えてしまう価値をもった学びになります。だから私たちは知識ではなく行動にフォーカスしなければいけません。

　発達の地図も行きたい島へたどり着くための行動を見つけるために描きます。

　「あそこへ行きたい」と願って「行動」したことは「体験」に変わります。

　何かの行動を変えたり、新しい体験を積むと、それがうまくいってもいかなくても、次の行動へのステップとなります。

　行動が変われば人生が変わります。

2　行動も習慣も絵コンテから生まれる

昨日食べたご飯や過去に楽しかった旅行など、私たちは体験したその場面（シー

ン）で思い出します。言語情報ではなく視覚情報です。頭の中にパソコンの画面が立ち上がって文字情報が打ち込まれていくわけではありませんよね。その視覚情報の中には、味や匂い、音、誰とそのご飯を食べたのか、その時の感情が詰まっています。そのワンシーンを言語情報に変換しようと思うと、その量は膨大なものになります。

多くの映画監督や舞台作家が作品づくりに取りかかる前に、絵コンテで先に物語を描くのはそのためでしょう。絵コンテとは、映画やアニメーションで利用される「物語の流れを具体的な映像の連続として示したもの」であり、ストーリーボード（物語の場面の変化を示すパネル）とも言われます。４コマ漫画のような絵コンテに場面をいくつか描くだけで、言語化する前に壮大なシナリオを創り上げることが可能なのです。

こどもと一緒に縄跳びの練習をする時に、縄跳びをいつ、誰とどんな雰囲気でそれをやると楽しいのか、そのシーンを空想してみてと伝えてから絵にすると、To Doリストに書いておくよりも確実に実行されやすくなります。

発達の地図の進み方をことばで書く前に、絵コンテを描いてみることをお勧めします。絵心のあるなしは、この際関係ありません。

3 アキラくんの Story Making

私がある保育園で、保育士から「不器用なアキラくんにはさみの使い方をどう指導したらいいか」と相談を受けた時、「不器用なアキラくんがはさみ好きに変わっていく物語を空想してみて、４コマ漫画にしてください」とお伝えしました。

はさみの使い方そのものよりもはさみが使いたくなる、作った作品を自慢したくなるような絵コンテの一例です。

１か月後に訪問すると、アキラくんははさみが大好きになっていて、「はさみ」ということばを聞いただけで、テンションが上がりすぎてしまうほどでした。

3 ときどき旅を ふりかえろう

CHAPTER

---

1 折れ線グラフで旅を味わう

地図を手にしたママたちは

いろいろな旅の経験をしていくでしょう。

うまくいったな、楽しかったなということばかりではないかもしれません。

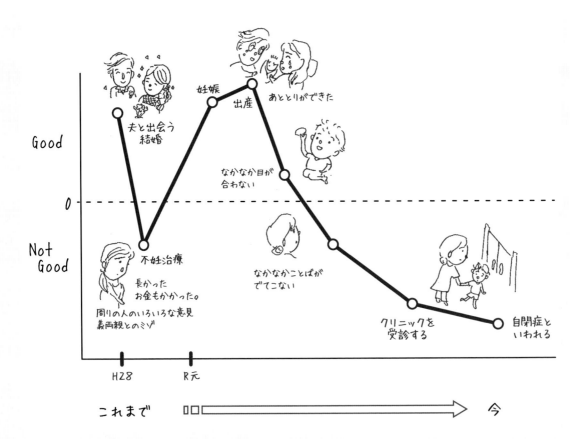

この行き先でよかったの？

なんだかこの頃、ちがう姿が見えてきた

この進み方は気持ちよくないから変えたいけど、変えるのも不安……

　これまでの物語や進み方を過去と未来をつなげてときどき振り返ってみましょう。

　なぜなら人は過去と未来がつながったときに、それが自分の道となり、一貫した行動がとれるからです。では、過去と未来をどうやってつなげていくとよいでしょうか。

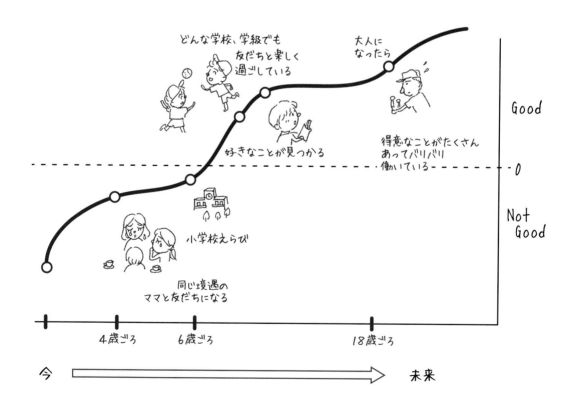

2 過去と現在をつなぐ（これまで）

❶ 過去のエピソードを線でつなぐ

❶ グラフの外枠（└）を描く
❷ 真ん中に横線（----）を引く
❸ グラフにエピソードを入れていく
❹ エピソードを線で結ぶ

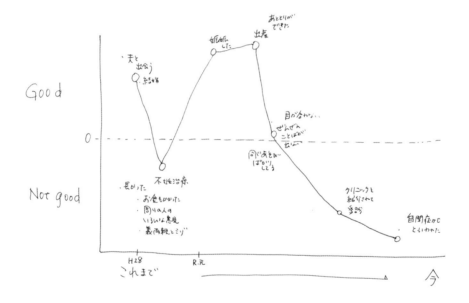

　過去のサイズは1日でも一週間でも1か月でも1年でも、生まれてからここまででもかまいません。それは、ママがどこまでさかのぼってふりかえりたいかによって変わってきます。

　グラフの真ん中を0ポイントとして、0より上をよい（Good）、0より下をよくはない（Not good）とします。過去からここまでのエピソードをいくつか思い出しながら、なんとなくチャート（線）を描きます。次にエピソードをチャートの上に置いていきます。

ここで大事なことは、厳密にやらないことです。

　人の心はコロコロ変わりますので、昨日ひく線と今日ひく線が違ってもかまいません。「良いかわるいかなんて完全に二つにわかれないよ」と思うのも自然なことですが、なんとなくという感覚で決めていきましょう。

　エピソードがたくさん出てきてもいいし、出てこなくてもかまいません。作家や漫画家になったような気分で描きましょう。

3　現在と未来をつなぐ（これから）

❷ 右肩上がりで未来を描く

❶ グラフの外枠（⌐）を描く

❷ 真ん中に横線（----）を引く

❸ 未来の浮き沈みを右肩上がりのチャートで描く

❹ 波の上下にエピソードを想像して書く

　未来のサイズは１日でも一週間でも、１年でも10年でも、一生でもかまいません。ママが描きたいサイズを決めましょう。何枚だって描いてもいいし、何回だって描き直してもいいのです。

　グラフの真ん中を０ポイントとして、０より上をよい（Good）、０より下をよくはない（Not good）とします。これからの未来に起きるエピソードをいくつか想像しながらチャート（波形）を描きます。大切なことは必ず右上へ上がっていく成長曲線で描くことです。このグラフは深層心理に深く入っていくため、低空飛行の人生を描くと、それも深層心理に入っていってしまうからです。

次に未来に起きるエピソードを想像しながら描いていきます。

　「できる−できない」という考えはいったん脇に置き、こうなったらいいな、こんなドラマで山を乗り越えたらすてきだなと思えるエピソードをいくつか置いていってください。絵が好きな方は絵を入れると、さらに魔法がかかり、描いたことが実現しやすくなります。しっかりと頭の中でそのシーンを想像していたら、長々とエピソードを描く必要はありません。キーワードでもOKです。

　ここで大事なことは、描く時に映画監督や小説家になったような気分で描くことです。

　『君の名は』や『スターウォーズ』など、SF映画の音楽をBGMで流して作業すると盛り上がりそうですね。

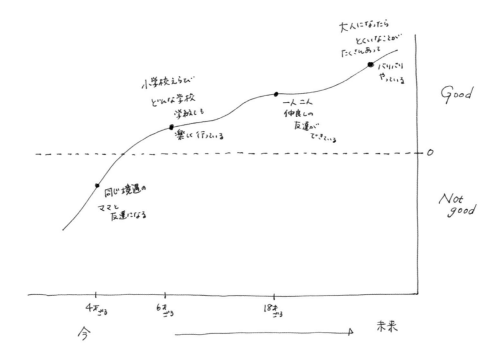

あなたの旅はどんな旅でしたか？

この旅は良かったのか、わるかったのかと

反省会をしないでください。

ぜんぶマル。

あなたとこどもの旅は、

人生そのものだからです。

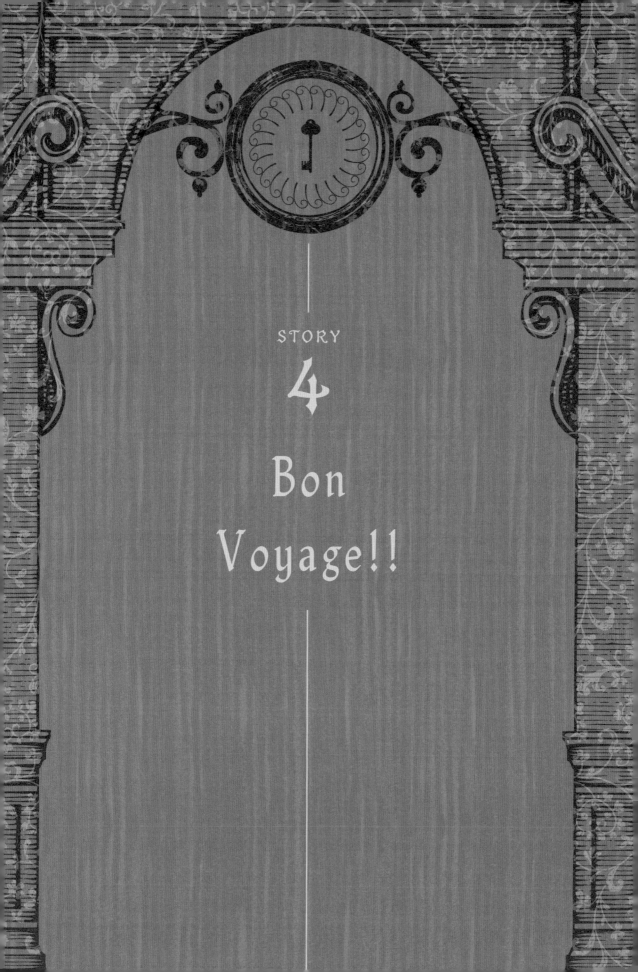

STORY

4

Bon
Voyage!!

1 さあ、旅立ちだ

旅の魅力って、なんでしょう。

旅の醍醐味は、ひとによって違います。

旅に行くためにあれこれ見所をリサーチしたり

旅に着ていく洋服や鞄を選んだり

旅先で心動かされた風景の写真を撮ったり

旅に一緒に行った人と名物を食べて「おいしいね」と笑ったり

旅のための休暇をとるために残業をいっぱいして大変だったり

旅先のめずらしいお土産を大切な人に選んだり

旅先で撮った写真を見ながら「ここがステキだったね」とおしゃべりしたり

旅の魅力や楽しみ方はきりがありません。

『発達の地図』を持ち、いざ旅へでかけることになったあなた。

ほんとうのわくわくはこれからです。

地図を描くことそのものも魅力的な作業ですが

地図を描くことが目的ではありません。

さあ、どんな旅をしましょうか？

この本の「はじめに」に登場した暴れん坊のたろうさんとママの物語を覚えていますか。

「私の産み方がわるかった」と海岸の防波堤の車の中で泣いていたママと、

「生まれてきてごめんなさい」とつぶやく男の子。

このママとたろうさんを味わい深く結び、この親子がまったく違う世界へ向かって歩いていけるようにと願って、この本は生まれました。

そしてこの本は、ある一人のママに向けて書かれています。私はこの本の文章を綴りながら、たった一人のママに向けて話し続けています。

この冒頭の親子の後日談があります。

ママは海に車で飛び込むことは思いとどまり、今はとても元気に暮らしています。

暴れん坊のたろうさんも、さんざん暴れたり問題を起こしたりしながらも成長し、少しずつ身体も心も落ち着いてきました。なんとか大学まで進学してサラリーマンになりバリバリと働きますが、だんだんとデスクワークがつらくなり集団から浮いたりしていました。そんなとき彼は、座らなくていい「作業療法」という仕事に出会うのです。

作業療法に関する本を読むと、「なぜ自分が集団で浮いてしまうのか」「どうしたら自分の多動を活かせるのか」といった、これまでの疑問や考えに次々と説明がつくことに気づきました。

「これは天職に違いない！」と思った彼は、夜間の専門学校に通い作業療法士になりました。

今では悩めるママたち、保育園や学校の先生たちと育てにくさをもつこどもをつなぐ作業療法を行って地域を飛び回り、大忙しの毎日を送っています。彼に

とっては、こどもたちの「問題」とされる行動や発達の遅れの理由が、自分の
ことのように理解できるのです。

もうおわかりですね。
あの時の暴れん坊のたろうさんは、私。
あの日のママは、私の母。
あの時の母へ向けて、この本を書きました。

この本を出すことを母に話すと、
「あなたの起こす問題行動の数々で、どれだけ私は頭を下げてきたことか」
「とらやの羊羹を見ると謝りに行った毎日を思い出しちゃうわ」
「素晴らしい本かもしれないけど、この本一冊であの頃を償えると思ってるの？
懺悔が足りない！」としかられました。そして、
「この本を持って、全国のお母さんたちを勇気づけて一生かけて償い続けなさ
い！」と涙しながら言いました。
だから私はこれからもこの本を片手に、
療育や行政での相談窓口で
学校や保育園へ
地域の家庭の中へ
全国の同じような仕事をしている仲間の元へ
YouTubeでの発達相談やオンラインでの講座
あの方法もこの方法も使って
あの日の僕とあの日の母に届けるために飛び回ります。

この本をここまで読んでくださったあなたへ。

この本を広げたとき

発達の地図を広げたとき

あなたは決して一人ではありません。

私たちがともにいると思って、1枚描き始めてみましょう。

描いた内容にうまいもへたもありません。

地図は描けば描くほど魅力を増し

旅はくりかえすほど味わい深くなっていきますよ。

さあ、未来へ歩きはじめましょう。

私たちは大きく手を振って見送ります。

「Bon Voyage!（いってらっしゃい！　よい旅を！）」

作業療法士

山口 清明

Another story
もうひとりのママの物語

娘が２歳のころ、私はひきこもりママになりました。

「うちの子、なんだか他の子とちがう」
「なにもしゃべらない」

本やネットで調べる日々が続きました。
検索ワードは「ことばの遅れ」「知的障がい　原因」「障がい児」……
なにも答えがみつからないまま時がながれ、保育園の先生たちは、娘と私をとても心配してくれたけれど、私はどうしたらよいかわかりませんでした。
療育施設にも通うことになり、どの先生もやさしくて元気で明るくて「のびてますよ」と言ってくれるのだけれど、私はどんどんおちこんでいきました。
仕事も手につかず娘を園におむかえにいくこともできなくなってしまいました。

「この子になにがおきているのか、誰か説明してほしい」
「この子をどうやって育てたらよいのか教えてほしい」
「あまりに可愛くて『このままずっと赤ちゃんでいたらいいのに』と思ったからだろうか」
「私の産み方がいけなかったのだろうか」

そんなころ、医療の作業療法を紹介されました。
問診票を書き、娘を抱いてリハビリに通い始めたころ、作業療法士の先生に
「お母さん、なにかお話ししたいことありますか」とたずねられました。
こんなこと聞いていいのかな？と勇気を出して聞きました。
リハビリの先生はお医者さんと同じくらい高いところにいる雲の上の存在だったのです。
「先生、問診票に『お子さんの問題点はなんですか』とあったのですが、うちの子はなにか『問題』があるのでしょうか」
「なにもしゃべらないしこのままだといつか困るかもしれないけれど、今は可愛いばかりで問題とは思わないのです」
「先生のお話をわかりたいのですが、むずかしくてわからないのです」
作業療法士の先生はすこし困った顔をしました。
そのころの問診票の「お子さんの問題点」には
「ことばが話せない」

「ごはんをもどしてばかりいる」
などと書きました。
医療のリハビリは、いったん通うと一定期間をあけてからしか再開できません。
再度通い始めたころ、問診票を渡されて驚きました。内容が大きく変わっていたのです。
「お子さんに対して望むこと、やりたいこと、大事なこと、実現したいことはなんですか」
「理想とする暮らしは何ですか」

作業療法士の先生は、専門用語ではなく生活で使っているようなことばで、絵を使ったり、
やってみせたり、時には私までボールプールに沈めたり、大きなブランコにのせたりして
「この子はなんなのか」と知りたい私にたくさん答えてくれました。娘は作業療法士の先生
に大きなあみで包まれて運ばれたり、かたぐるまで病院中お散歩したり、転ぶ先生を助け
るヒロインに変身したり、たくさん遊んでできることが増えていきました。

そのころの問診票の「望む姿」には
「うちとけあえるおともだちができる」
「おいしくごはんが食べられる」
などと書きました。

「先生、ありがとう
娘は問題のある子なのではなくて
より工夫や時間やお手伝いがいる子なのですね。
その子を育てている私は、不幸な親なのではなく
より工夫や時間や変わる勇気がいる親なのですね。
娘の能力は神様がくれたものだから変えられないけれど、
娘と私の歩いていく道は変えられるのですね」

『娘がこれから未来へ歩いていく行き先を考える』
『できるとかできないだけではない娘の可愛らしさを見つける』
『自分一人だけでなく、誰かに力を借りたりして進んでもよい道を進む』
それはまさに『発達の地図』と出会い、地図を描いていく作業でした。
この出会いがなかったら、娘と私の人生はもしかしたら途絶えていたかもしれません。

シャボン玉の中にいるみたいにぼんやりしてなにも話さなかった娘は、
今では歌の大好きな女子高生です。
とてもやさしくて

ごはんをおいしく食べて
特別支援学校でクラスメイトと一緒に作業をしています。

「私の産み方がわるかった」と涙をためるママたちは、あのころの私です。
うつむいていた私はだんだん元気をとりもどし、自分の人生も大事にして暮らすようにな
りました。私はずっと社会福祉士として行政や高齢者福祉の分野で仕事をしていましたが、
娘の子育てがきっかけとなり40歳を過ぎてから養成校で学び言語聴覚士になりました。
そして、私たち親子の地図を一緒に描いてくれた作業療法士の先生とともにこの本をつく
りました。

今は毎日仲間とたち上げた療育の事業所で、たくさんの療育に通ってくるお子さんと、そ
のママたちと多くの時間を過ごしています。もし、私があのころの自分に会えるとしたら
こんな声をかけるでしょう。
「心配いらないよ、これから未来は描いていけるよ」

この本を手にしてくださったあなたへ。
漠然と、でも確かに感じていたこどもの心配ごとが
「診断名」や「障がい」で名づけられたり
園や学校でいろいろな悩みが生まれたり
こどもが元気をなくしてしまったり
ママがこれからどう進んだらいいのか迷子になってしまったりした時に
藁にもすがるような気持ちで手に取ったこの本が
とても明るい未来を連れてくるかもしれません。
そんな本になったら幸せです。
あなたやあなたの大切な人たちが、とても素敵な旅をされますように。

言語聴覚士
北島　静香

すべての人には

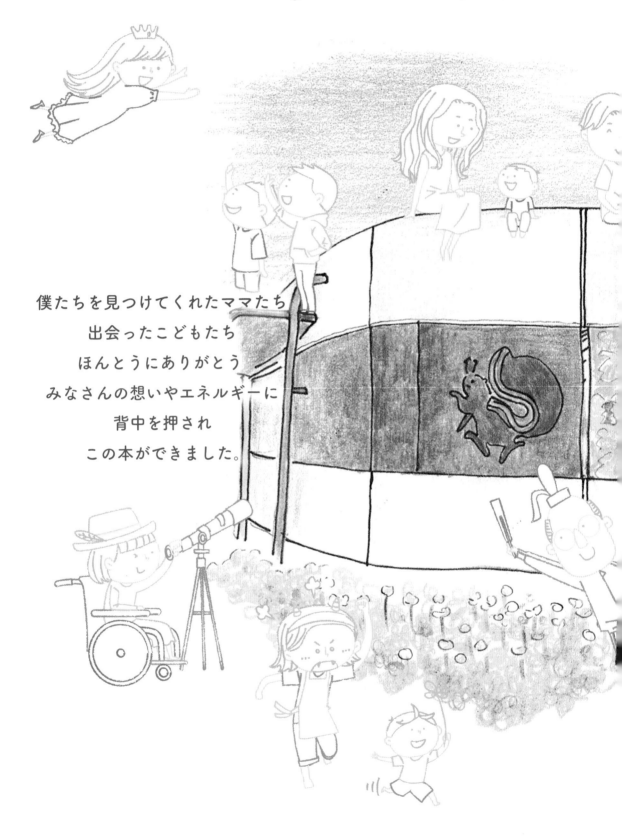

僕たちを見つけてくれたママたち
出会ったこどもたち
ほんとうにありがとう
みなさんの想いやエネルギーに
背中を押され
この本ができました。

GIFTがある

特定非営利活動法人
はびりす

HABILIS-HIDA（はびりす ひだ）
岐阜県飛騨市古川町向町 2 丁目 6-1

●巻末付録「道具の書き込みシート」（コピーしてご使用いただけます）

書いた人

「コンパス」
行き先：目的地、目標、なりたい姿や状態

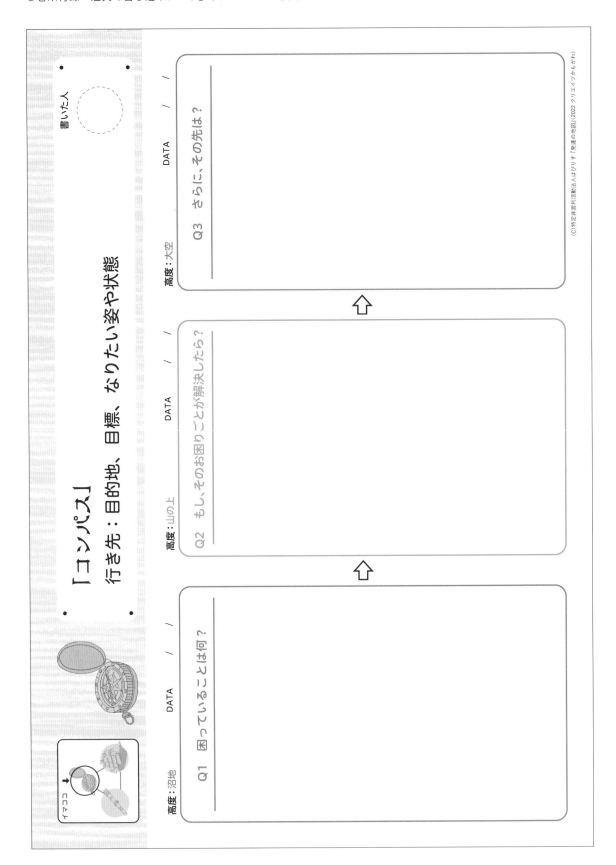

高度：沼地

DATA　　／　　／

Q1　困っていることは何？

⇧

高度：山の上

DATA　　／　　／

Q2　もし、そのお困りごとが解決したら？

⇧

高度：大空

DATA　　／　　／

Q3　さらに、その先は？

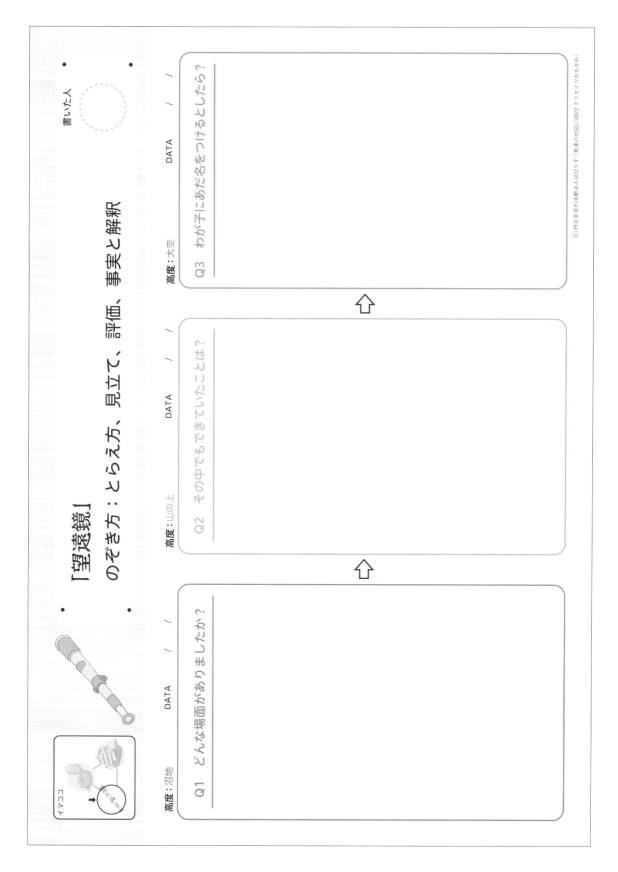

「望遠鏡」
のぞき方：とらえ方、見立て、評価、事実と解釈

書いた人

ココは

高度：沼地　　DATA　　/　　/

Q1　どんな場面がありましたか？

⇧

高度：山の上　　DATA　　/　　/

Q2　その中でもできていたことは？

⇧

高度：大空　　DATA　　/　　/

Q3　わが子にあだ名をつけるとしたら？

●巻末付録「道具の書き込みシート」（コピーしてご使用いただけます）

書いた人

「船」
進み方：旅の描き方、ルート

イマココ

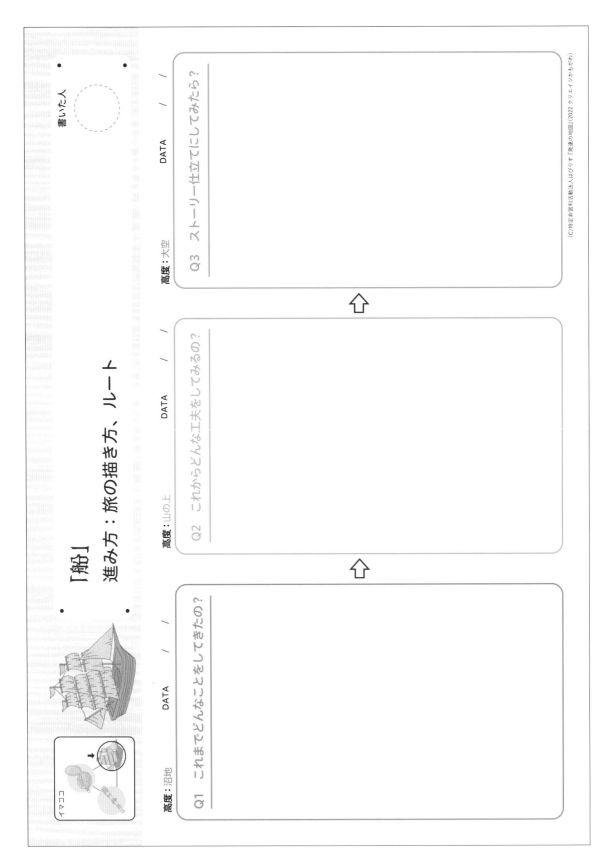

高度：沼地　DATA　　／　　／

Q1 これまでどんなことをしてきたの？

⇧

高度：山の上　DATA　　／　　／

Q2 これからどんな工夫をしてみるの？

⇧

高度：大空　DATA　　／　　／

Q3 ストーリー仕立てにしてみたら？

●巻末付録「景色の書き込みシート」（コピーしてご使用いただけます）

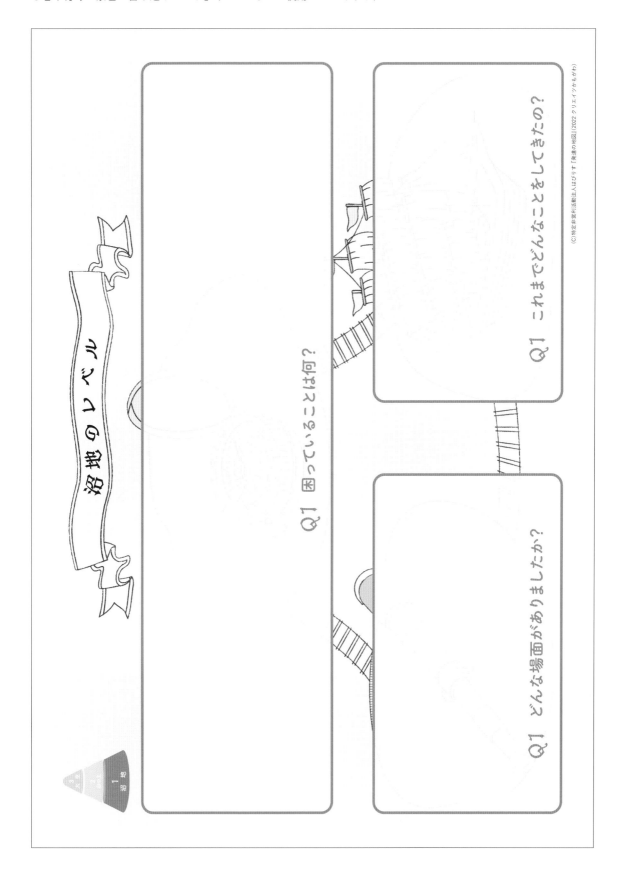

沼地のレベル

沼地 1

Q1 困っていることは何？

Q1 これまでどんなことをしてきたの？

Q1 どんな場面がありましたか？

●巻末付録「景色の書き込みシート」（コピーしてご使用いただけます）

山の上のスキル

Q2 もし、そのお困りごとが解決したら？

Q2 これからどんな工夫をしてみるの？

Q2 その中でもできていたことは？

●巻末付録「景色の書き込みシート」（コピーしてご使用いただけます）

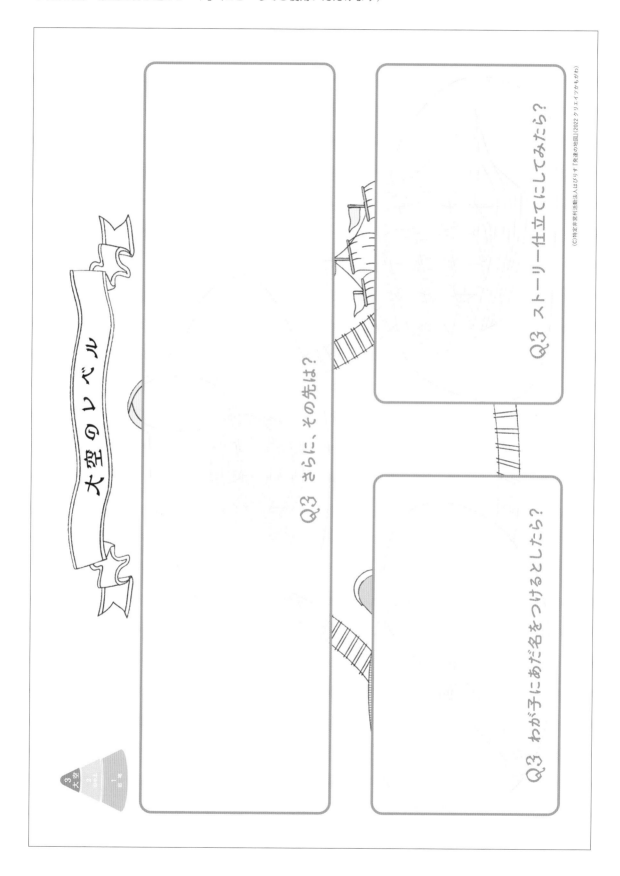

大空のレベル

Q3 さらに、その先は？

Q3 ストーリー仕立てにしてみたら？

Q3 わが子にあだ名をつけるとしたら？

●巻末付録「発達の地図（完成）」（コピーしてご使用いただけます）

発達の地図

記入シート

日付（　／　／　）

と描く

コンパス

Q3 ＿＿＿＿＿＿＿＿＿＿＿＿＿＿

Q2 ＿＿＿＿＿＿＿＿＿＿＿＿＿＿

Q1 ＿＿＿＿＿＿＿＿＿＿＿＿＿＿

大空／そら／沼地

船

Q3 ＿＿＿＿＿＿＿＿＿＿＿＿＿＿

Q2 ＿＿＿＿＿＿＿＿＿＿＿＿＿＿

Q1 ＿＿＿＿＿＿＿＿＿＿＿＿＿＿

大空／そら／沼地

望遠鏡

Q3 ＿＿＿＿＿＿＿＿＿＿＿＿＿＿

Q2 ＿＿＿＿＿＿＿＿＿＿＿＿＿＿

Q1 ＿＿＿＿＿＿＿＿＿＿＿＿＿＿

大空／そら／沼地

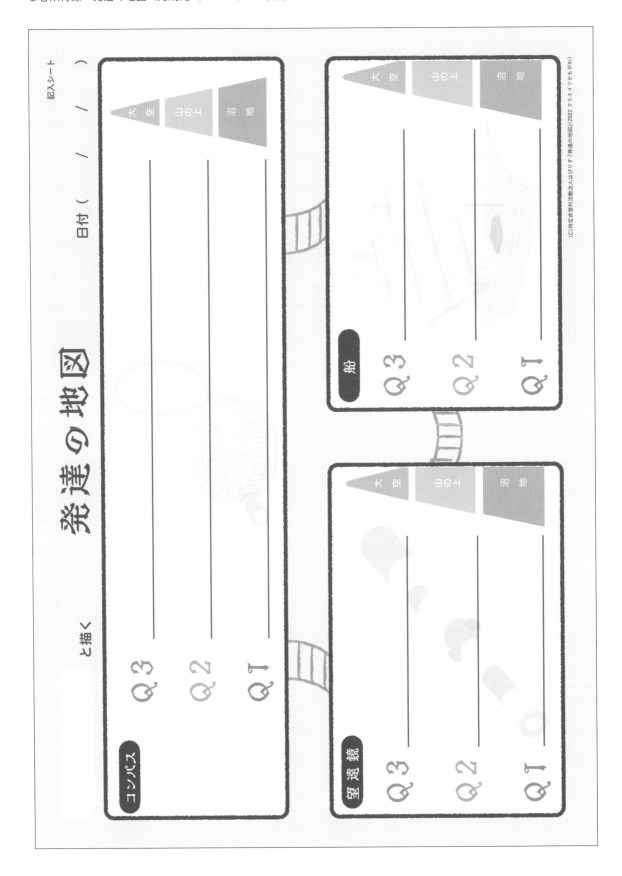

PROFILE

山口清明（やまぐち さやか）：特定非営利活動法人はびりす代表理事 作業療法士

専門領域は地域作業療法。1973年東京生まれの神戸育ち。慶應義塾大学総合政策学部卒業。サラリーマン生活を経て2007年に作業療法士免許を取得。国保関ケ原病院に作業療法室を開設し地域療育巡回事業を開始する。2016年11月特定非営利活動法人はびりす設立、翌2017年1月に自己実現型の通所療育施設を開所する。同2017年に神奈川県立保健福祉大学大学院を卒業。2019年に飛騨市障害福祉課より業務委託を受け、地域生活安心支援拠点のコーディネーターとして、あらゆるヒトのよろず相談を受ける。こどもから大人まで、作業療法の視点を活かして、多様性あふれるまちづくりをすすめている。

〔論文〕
山口清明「幼稚園・保育園でのコンサルテーション型作業療法の効果検証に向けた試験的研究」『作業療法』37(2)、145–152.（2018）
Yamaguchi, S. (2021). Effects of Collaborative Consultation Using IPad Application in School-Based Occupational Therapy: A Single-Arm Pre-Post Pilot Study. Aust Occup Ther J, 68(2), 135–143. その他多数

〔執筆〕
大村祥恵・町村純子・特定非営利活動法人はびりす『いちばんはじまりの本──赤ちゃんをむかえる前から読む発達のレシピ』クリエイツかもがわ（2021）、仲間知穂・友利幸之介・酒井康年『学校作業療法 実践ガイド』青海社（2021）、小林隆司・山西葉子・八重樫貴之『日本全国続々と学童保育に作業療法士がやって来た』高文研（2022）、斎藤佑樹・丸山祥『作業療法と臨床判断』青海社（2022）、その他多数

山口静香（やまぐち しずか）旧姓 北島静香：特定非営利活動法人はびりす理事 社会福祉士・言語聴覚士

1973年岐阜県生まれ。大学では社会学を専攻し福祉の道へ進む。介護職員を経て市町村職員となり、介護保険制度の幕開けの真っ只中で高齢者福祉に携わる。ゆっくり育つわが子の子育てをきっかけに、小学校の支援員を経て国保関ケ原病院リハビリテーション科へ入職、はびりすの開設に尽力する。特定非営利活動法人はびりす開設後は社会福祉士として相談業務に従事する。学生時代より抱くコミュニケーションへの探究が高じ、日本聴能言語福祉学院聴能言語学科へ入学、2020年に言語聴覚士の免許を取得する。飛騨市においてHABILIS-HIDAを開設し、親子の進む起伏に富んだ道のりの中で豊かなコミュニケーションを追い求める日々を送る。本書出版後に山口清明と入籍し、その後の人生の旅を共に歩む。

特定非営利活動法人はびりす

https://linktr.ee/habilis8282

〔本部〕
〒503-0936
岐阜県大垣市内原一丁目168番地1
Tel. 0584-84-3800
Fax. 0584-84-3801

〔HABILIS-HIDA〕
〒509-4241
岐阜県飛騨市古川町向町2丁目6-1
Tel. 0577-57-7070

こどもと家族が人生を描く 発達の地図

2022年10月 1日 初版発行
2024年 6月10日 第2刷発行

著 者● ⓒ山口清明、北島静香
　　　　特定非営利活動法人はびりす
発行者● 田島英二　info@creates-k.co.jp
発行所● 株式会社 クリエイツかもがわ
　　　　〒601-8382 京都市南区吉祥院石原上川原町21
　　　　電話 075(661)5741　FAX 075(693)6605
　　　　https://www.creates-k.co.jp
　　　　郵便振替 00990-7-150584
イラスト● ホンマヨウヘイ
デザイン● 菅田 亮
印 刷 所● モリモト印刷株式会社
ISBN978-4-86342-335-0 C0037　printed in japan

子どもと作戦会議CO-OPアプローチ™入門
塩津裕康／著

子どもの「したい！」からはじめよう──CO-OP（コアップ）とは、自分で目標を選び、解決法を発見し、スキル習得を実現する、子どもを中心とした問題解決アプローチ。子どもにとって大切なことを、子どもの世界で実現できるような取り組みで、「できた」をかなえる。
カナダで開発されたアプローチを日本で初めて紹介！
2420円

運動の不器用さがある子どもへのアプローチ
東恩納拓也／著
作業療法士が考えるDCD（発達性協調運動症）

ボタンをつけるのに時間がかかる、文字をていねいに書くのが苦手、ボール遊びが苦手、体育に参加したがらない……運動の不器用さで困っている子どもたちがいませんか？ DCD（発達性協調運動症）の基本的な知識から不器用さの捉え方、アプローチの流れとポイント、個別と集団の実践事例。課題の工夫や環境調整など、周りが変わることで子どもの力は十分に発揮できる！
2200円

子ども理解からはじめる感覚統合遊び
加藤寿宏／監修　高畑脩平・萩原広道・
保育者と作業療法士のコラボレーション
田中佳子・大久保めぐみ／編著

保育者と作業療法士がコラボして、保育・教育現場で見られる子どもの気になる行動を、感覚統合のトラブルの視点から10タイプに分類。その行動の理由を理解、支援の方向性を考え、集団遊びや設定を紹介。
1980円

乳幼児期の感覚統合遊び
加藤寿宏／監修　高畑脩平・田中佳子・
保育士と作業療法士のコラボレーション
大久保めぐみ／編著

「ボール遊び禁止」「木登り禁止」など遊び環境の変化で、身体を使った遊びの機会が少なくなったなか、保育士と作業療法士の感覚統合遊びで、子どもたちに育んでほしい力をつける。感覚統合の発達をわかりやすく解説／子どもの発達を促す感覚遊びに納得／0〜5歳年齢ごとの遊び29例／乳幼児期の感覚統合遊びを写真を交えて紹介／園の遊具や備品、周りの物品ですぐに取り組める
1760円

「届けたい教育」をみんなに
仲間知穂・こどもセンターゆいまわる／編著
続・学校に作業療法を

沖縄発「学校作業療法」が日本の教育を変える！
「届けたい教育」に焦点を当てた取り組みで、安心して協働する親と先生、自らの学びに参加する子どもたち。人々の生活を健やかで幸せにする。『学校に作業療法を』の続編
3080円

学校に作業療法を
仲間知穂・
「届けたい教育」でつなぐ学校・家庭・地域
こども相談支援センターゆいまわる／編著

「作業療法士による学校訪問システムと人材確保」先進的な沖縄県の取り組みを紹介。作業療法士・先生・保護者がチームで「子どもに届けたい教育」を話し合い、協働することで、子どもたちが元気になり、教室、学校が変わる。
2420円

いちばんはじまりの本　赤ちゃんをむかえる前から読む発達のレシピ
井川典克／監修　大村祥恵、町村純子、特定非営利活動法人はびりす／編著

あじわい深い子育てをみんなで楽しむ"いちばんはじまりの本"助産師・保健師・作業療法士・理学療法士・言語聴覚士・保育士・医師・市長・市議会議員・家族の立場、みんなで描く"こどもがまんなかの子育て"。胎児期から学童期までのよくある相談を見開きQ&Aで紹介！　2200円

凸凹子どもがメキメキ伸びるついでプログラム
井川典克／監修　鹿野昭幸、野口翔、特定非営利活動法人はびりす／編著

「ついで」と運動プログラムを融合した、どんなズボラさんでも成功する、家で保育園で簡単にできる習慣化メソッド！　児童精神科医×作業療法士×理学療法士がタッグを組んだ生活習慣プログラム32例
1980円

みんなでつなぐ読み書き支援プログラム
フローチャートで分析、子どもに応じたオーダーメイドの支援
井川典克／監修　高畑脩平、奥津光佳、萩原広道、特定非営利活動法人はびりす／編著

くり返し学習、点つなぎ、なぞり書きでいいの？　一人ひとりの支援とは？　読み書きの難しさをアセスメントし、子どもの強みを活かすオーダーメイドのプログラム。教育現場での学習支援を想定、理論を体系化、支援・指導につながる工夫が満載。
2420円